信仰，
是最好的金湯匙

Faith is a Golden Spoon

55個越早知道越好的**黃金準則**

暢銷勵志書作家、《信心，是一把梯子》作者 **施以諾** 著

送給＿＿＿＿＿＿＿＿

您知道嗎？

信仰，是這世上最好的「金湯匙」！

許多任美國總統、富豪、名人……從小因它而占盡優勢，

與您分享 55 個越早知道越好的黃金準則，

祝福您能享有豐盛的人生！

＿＿＿＿＿＿＿＿＿＿敬贈

金湯匙餵大的施以諾

施以諾沒有生在一個以金湯匙來餵寶寶的家庭，可是他絕對生長在一個以精神的金湯匙長大的家庭。在本書的〈拔出自己的石中劍〉提到，施以諾的父親是一位牧師，他一直記得……父親跟他說過一段話：

> 不要看到其他年輕人做什麼，就跟著想去做，
> 有些事情就算施以諾不去做，總會有別的年輕
> 人去做，而且他做得比施以諾更好；但有些事
> 情如果施以諾不去做，別說其他年輕人不會想
> 去做，就算是牧師、傳道人想做，也不會比施
> 以諾更好。要去做上帝真正要施以諾要去做
> 的事。

他的母親也是一位賢淑、美麗、識大體的淑女。所以施以諾是一個真正從幼年就是父母用金湯匙餵養長大的孩子。

不但如此，他自己也發奮努力，自小就懂得用功讀書，以至能不到三十就「三十而飛」了。我很喜歡讀以諾寫的書，當他要我寫序的時候，我就要他把全部稿件寄給我讀一遍；這固然是我的細心，最主要的原因是我要先睹為快。

一般說來，金湯匙是對幼童的照顧，所以作者說《信仰，是最好的金湯匙──55 個越早知道越好的黃金準則》，這些都是從聖經中演繹出來的原則，不過施以諾用生花妙筆，採和現代人用的語氣和懂得的文字說出聖經的真理而已。實際上，信仰不只是金湯匙，在年輕時候需要它；在中年、在老年，對每一個人在任何一個年齡時都需要信仰。施以諾本身是年輕人，所以他以年輕人的眼光來看信仰；其實任何年齡層都需要信仰。

因為我活得很健康、很快樂，所以越來越多朋友問我「長壽的祕訣」，實際上無他，惟「信仰」而已。因為有準確的信仰，照著主的指示做，凡事交託，所以活得很喜樂、無憂無愁。我常說：沒有一部機器用了九十年還在用，可是上帝造的人，活到九十多歲還活得好好

的，還能修訂聖經，還能教書，還能讀書，還能寫書，還能為以諾寫推薦序呢！信仰真偉大！

周聯華

於鹿港（以諾地上阿爸的出生地）

金湯匙或鐵湯匙，由你自己決定

有人出身自富裕人家、權貴人家，我們總羨慕地說「含著金湯匙出生」。當年歲漸長，我們才發現人生的金湯匙卻不是取決你的父母、家世背景。真正關鍵在自己的心中。當你決定過金湯匙人生，人生道路就充滿陽光，開朗、熱情，自然見山不是山，見水不是水，清水也可以變雞湯；當你決定過鐵湯匙人生，我們就和陰暗、仇恨、嫉妒為伍，人生再富裕也如白雲蒼狗。

以諾博士的新著《信仰，是最好的金湯匙》，我得幸搶先讀了文稿，每一篇都是一個讓你我清水變雞湯的啟示。很多人生的困境挑戰，在以諾博士文字裡得到舒緩。令人捧讀再三。

在眾多好文章中，我特別喜歡〈三十而飛〉這篇。三十而立，三十歲是人生起飛轉大人的時刻，人生中很多第一次發生在三十歲。第一次成家，第一次當爸爸媽媽，第一次當主管，第一次買房子，第一次獨當一面。每一件都是人生大事。在這關鍵時刻，我們能立、能飛嗎？以諾博士說得好，三十要先貯存能量，三十才能高飛。平時要「尋求自己的人生目標，每年至少閱讀三至五本書，培養一項藝文休閒，為自己未來的婚姻禱告，要爭取當『幹部』的機會，至少曾與十個人分享信仰的好處，養成一個自己不喜歡但對自己有益的習慣」。這七項看似平常工作，想想我幾乎都沒做到。但是以諾博士說三十歲沒做到，那麼四十、五十、六十永遠不嫌遲，現在開始，現在就可以立，可以飛！

這本書讓我明白，金湯匙的祝福來自信仰，來自上帝，不是來自你的父母，掌握金湯匙的關鍵就在我們自己手上。不必哀怨自己命不好，我們選擇上帝的祝福，金湯匙就是我們一生一世的祝福。

俞國定

台灣電子書協會理事長、《大師輕鬆讀》出版人、

前《商業周刊》社長

活出價值

許多從基督信仰家庭長大的孩子，在人生路上的種種面向，例如價值觀的形成、面臨抉擇、處理人際關係、婚姻擇偶、建立家庭等事上，因著信仰的薰陶，得到不少幫助；然而，這樣的人有時不太能具體描述他們因著這個信仰，而占了什麼樣的優勢。

以諾的這本《信仰，是最好的金湯匙》把信仰中能夠改變人生的正面價值抽絲剝繭、羅列說明，讓更多人受益，也更認識這個信仰的力量。我衷心推薦這本書給還沒有含到這人生金湯匙的朋友們。

連加恩
外交部「睦誼外交獎章」得主

信仰，讓人成大器

美國第三任總統傑弗遜有一次帶著孫子湯馬斯乘著馬車外出。在路上，有一個黑奴恭敬地向行進中的他們脫帽敬禮，傑弗遜馬上也謙恭地脫帽回禮，但湯馬斯卻毫無反應。傑弗遜之後立刻板起臉來對孫子說：「也許你認為那人只不過是一個奴隸，但你怎能容許自己比一個奴隸還缺乏應有的禮節呢？」瞧！這是一個何等有深度、有內涵的爺爺。

在歷史上，傑弗遜那諸般謙遜、認真、良善的身教與態度，深深影響了他的兒孫們，讓他的兒孫們後來也都成為相當有成就的人。

為何傑弗遜的兒孫們能夠如此的平步青雲？傑弗遜有留下什麼特別的好處、資產給兒孫們嗎？有！的確

有！但傑弗遜留給他們最大的資產不是金錢，不是地產，不是房舍，更不是職位，而是他的「信仰」——他的信仰讓他成為一個「成大器」的人，也讓他的兒孫們，甚至是同樣傳承到那份信仰的人們，都能在各自領域得以「成大器」。信仰，才是這世上最好的「金湯匙」！而不是錢財或物質。

我是一個資質很平庸的人，我一直很感謝我父母親給了我很好的信仰人生觀，這些觀念使我找到自己上進的方向，並伴我度過許多心情低潮。我絕不是說自己這樣子就已算是很優秀了，但我真的要誠心地說，這些信仰人生觀，至少讓我少奮鬥了二十年以上，讓我少走了許多冤枉路；若沒有這些信仰人生觀，即便再多給我二十年去打拚、摸索，我也不會享有現在的喜悅與境界。我非常願意將這些信仰的人生觀分享給每一位朋友，讓人人都能享有這讓我「少奮鬥了二十年」的「金湯匙」。

在歷史上，許多任美國總統、企業家、名人等，也都是從小因有信仰而占盡優勢，他們也都只是平凡的人，但卻因著不凡的信仰而偉大！親愛的朋友，如果您不滿意您現在的人生，那您一定需要這些信仰的人生觀，它們可以翻轉您的生命；如果您對您現在的人生感

信仰
是最好的金湯匙

到滿意，您也需要這些信仰的人生觀，它們會讓您的生命更光明璀璨。

您知道嗎？上天創造您並不是偶然的，祂創造每一個人，都有其神聖的目的，如果我們願意在自己的生活中積極活出不一樣的生命，那麼我們的人生將閃閃發光、前途光明。信仰，是最好的金湯匙，無論您現在幾歲，都還有機會含到這把金湯匙，當然，越早得到的人，越早得享幸福與豐盛。深願這本《信仰，是最好的金湯匙：55 個越早知道越好的黃金準則》，能幫助您締造不凡的人生。

您的朋友　**施以諾**

目録

CONTENTS

PART 4　愛心是「平衡點」，家庭、職場兩得意

信仰
是最好的**金湯匙**

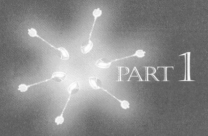

PART 1

品格是「匙柄」，
掌握住你不凡的價值

掌握人生的金湯匙，
品格是「匙柄」，掌握你的處世價值。
本章與您分享「堅守自己的價值」、
「寬恕，是零元的公益」、
「名片以外的影響力」、
「肋骨，是最浪漫的骨頭」等
十餘個人生黃金準則。

怒氣，是一把劍

許多人會有一種錯誤迷思：一個品德好的人，是不是永遠都不會也不該生氣？也許很多人會有這樣的認知或期待。事實上，生氣絕不等於犯罪，一個人若永遠都不生氣也未必就是好。別的不說，就連千百年來被許多人視為榜樣的耶穌基督，按文獻的記載，在世時都曾發過怒、講過重話呢！

怒氣像什麼呢？我喜歡這樣比喻：怒氣，像是一把劍！怎麼說呢？

中國古代的書生要上京趕考，身上都會帶把或長或短的劍，萬一遇上盜賊或猛獸，至少還有個東西可用來防身，當然，能不用仍為上策，但如果一把劍掛在腰間，別人在打量是否要搶掠你時，也會有幾分忌憚；若是你厲害一點，那把劍不但可以用來防身，還可以在路

信仰
是最好的**金湯匙**

見不平時，用來增加仗義直言的氣勢！在二十一世紀，許多的衝突、暴力早已轉為無形，此時，怒氣就是你的一把劍！它可以助您表達自己的界限，強調自己的立場，維護自己的權益，免受不必要的侵犯。

古人云：「劍，乃兵器中的君子。」這是我為什麼會形容怒氣是一把劍的另一層原因。在武俠小說或電影中，一個真正的「大俠」，即便是面對一群不可理喻的痞子，他的劍也絕對不會隨便出鞘！一定得被迫到某種程度，他才會拔劍，但即使他亮劍而出，仍會很有風度地盡可能給人留餘地，不會動不動就讓人血濺五步。一個動不動就拔劍挑釁、胡亂傷人的人肯定不是什麼「大俠」，而是「無賴」了。怒氣是一把劍，親愛的朋友，您都是怎麼駕馭這把劍的？

發怒，絕不等於犯罪。怒氣在某些時候甚至可以是一種「情緒工具」，可以用來防身、斡旋、自保、表達立場，但要懂得「發怒卻不失控」，否則不但誤傷了別人，也會讓自己的形象、身體健康都連帶受損。

怒氣，是一把劍！是人類與生俱來的情緒，當上帝把怒氣這把「劍」造給我們時，我們有沒有好好駕馭它？還是常常濫用了它？值得您我深思、自省。

【名人的悄悄話】

人有見識就不輕易發怒。

～所羅門王

信仰
是最好的**金湯匙**

堅守自己的價值

人生，有許多事是值得堅持的。

曾經有一位知名作家，在某天早晨和朋友一起去一家商店買報紙。那一天，商店老闆娘似乎心情不太好，臉色很臭！在給他報紙時，是直接坐在店裡把報紙用力扔出店外，並嚷著要他自己將零錢放在門口的櫃子上。

那位名作家照著老闆娘的話，將零錢放在門口的櫃子上，便從地上撿起被扔在地上的報紙，向著店裡非常有風度地鞠了個躬，又說了聲「謝謝」，但裡面的老闆娘依舊是臭著一張臉。同行的友人非常為他抱不平！問他：「對這樣一個無禮的瘋婆子，還對她說什麼『謝謝』？為什麼不教訓她兩句呢？」那位名作家卻說：「為什麼要這樣呢？不管對方是不是一個淑女，我都要

品格是「匙柄」，掌握住你不凡的價值

選擇作一個紳士。」

　　我非常喜歡這句話——「不管對方是不是一個淑女，我都要選擇作一個紳士。」想一想，您我是一個懂得「堅守自己的價值」的人嗎？

　　容我將上述那句話給改寫如下：

　　「不管對方是不是一個可愛的學生，我都要選擇作一個好老師。」

　　「不管對方是不是一個可敬的老師，我都要選擇作一個盡本分的學生。」

　　「不管對方是不是一個情緒平靜的病人，我都要選擇作一個好醫師。」

　　「不管對方是不是一個講理的詢問者，我都要選擇作一個好辦事員。」

　　「不管對方是不是一個和氣的客人，我都要選擇作一個親切的店員。」

　　親愛的朋友，我們沒有辦法選擇我們每一天將碰到哪一種人！我們也許也沒有辦法去改變別人的價值，然而，我們卻可以選擇「堅守自己的價值」！人，常輕易地放棄自己的價值，常喜歡讓別人來改變我們的價值、品質，特別是當我們不喜歡對方的某一點，覺得對方某一點很差勁時，我們回應他的方式，卻往往是把自己變

得跟他一樣，意即把自己變成一個和對方一樣糟糕、差勁的人。冷靜想想：這麼做，顯然並不值得。

「不管對方是不是一個淑女，我都要選擇作一個紳士。」這句話可以套用在各行各業。無論我們明天會接觸到怎麼樣的人，甚願您我都能堅守自己的價值！活出自己應有的品質，屆時受益最大的，仍將是我們自己。

 【名人的悄悄話】

如果你年輕的時候沒有學會思考，那就永遠學不會思考。

～愛迪生

名片以外的**影響力**

曾經在杏林子劉俠的書中看過一段記載。那一年，某大學要頒給劉俠女士「榮譽文學博士」的殊榮，頒獎那天，劉俠女士提早到了會場，不知怎地在該大學校園裡竟碰上了一位老伯，看了他的身段與姿態，劉女士心想這大概是工友之類的；而那位老伯的態度極是懇切，卻也讓人感覺相當溫暖。

兩人分開後，老伯雖沒有留下姓名與身分，但卻讓劉俠印象深刻。不一會兒，要頒榮譽博士了，劉俠嚇了一跳，因為她又在台上見到了剛剛那位老伯；而她此時才知道，原來剛剛那個樸素到讓她誤以為是工友的熱心老伯，竟是該大學的校長。這讓劉俠大為震撼。

之後，劉俠對那位校長讚不絕口！但並不是因為他的頭銜是一個博士、教授、大學校長，而是因為她見到

信仰
是最好的**金湯匙**

他所流露出的「生命」，是因著他所流露出的那股令人印象深刻之謙和與溫暖而深受感動。

這個社會上有一種影響力，我個人稱之為「名片以外的影響力」。一個人名片上的頭銜、職稱、學經歷，確實能夠有力地影響別人，但這與我所說的「名片以外的影響力」不同的是：前者是「用職分去影響別人」，後者則是「用生命影響生命」。

在一個現代化的社會裡，各行各業中，只要小有成就的人幾乎都有名片。無論您的名片上印的是老師、醫師、教授、主管、律師……，讓我們想一個問題：這些名片上的頭銜拿掉以後，你還剩下什麼？別人還會如此尊重你嗎？別人對你的尊重與順服，有沒有可能只是出自於你剛好擔任了某一個職位？而不是被你的生命、見證給感染？

在這個工商社會裡，許多人忙碌於追逐、堆砌、升級名片上的頭銜。這未必就是壞事，然而這些光環有一天都會卸下，如果我們只徒有名片上的影響力，等到這些都卸下之後，我們就會只剩下一個空殼，只能被遺忘在角落裡怨歎社會現實；但如果我們能夠懂得活出「名片以外的影響力」，懂得用生命影響生命，那麼一切都會不同。

品格是「匙柄」，掌握住你不凡的價值

親愛的朋友，無論是處在哪一個職場，無論您的工作是接觸哪些群眾，您擁有「名片以外的影響力」嗎？除了您的頭銜、職稱之外，大家也會因著您平日所活出的生命與見證，而發自內心地敬重、聽您的話嗎？願您我都能活出名片以外的影響力，用生命影響生命。

【名人的悄悄話】

一個人的價值不是在於他擁有什麼，而是在於他的本質是什麼。

～H‧阿爾米

信仰
是最好的**金湯匙**

少一些刺蝟，多一些烏龜

我喜歡看《探索頻道》這一類的電視台，挺有趣的！常會有許多各式各樣可愛動物的介紹，包含牠們面對敵人的反應。

其實，即便到了現代化的工商社會，人跟動物的行為模式有時還是滿像的，在此我願意舉兩個例子——「刺蝟」和「烏龜」。

有人面對批評時的反應像「刺蝟」，別人敢攻擊我？哼！當然反擊呀！不但反擊，而且保證讓想攻擊我的人被刺得一嘴針、滿嘴傷的回去！絕對會讓你知道老子可不是好惹的！

也有人面對批評時的反應像「烏龜」，擋得好、防

守得宜，全身一縮，你怎麼咬他，他就是可以擋得讓自己毫髮未傷。

　　人，在世界上不可能永遠都是受到正面的評價。當有人攻擊、污辱我們時，您的反應是一隻「刺蝟」？還是一隻「烏龜」？

　　我有時會收看台灣的談話性政論節目。面對一些不必要的唇槍舌戰，咱們大部分的政治人物，其反應模式全是「刺蝟」！你罵我這裡，我除了防守以外，再反刺你那裡！總之，不讓得罪我的人就這麼便宜地全身而退！然而，如此冤冤相報，每一次的「開講」結果卻都是「沒有講開」，反而讓彼此的對立更大，歧見更深。對社會風氣的負面影響更是不在話下。

　　西方有位所羅門王，從今天的角度來看，可說是位人際處世大師，他曾有一句名諺：「回答柔和，使怒消退；言語暴戾，觸動怒氣。」這句話後來也成為《聖經》裡的經典名句之一；此外，《聖經》上也說：「不以惡報惡，以辱罵還辱罵，倒要祝福。」看來，面對敵人的漫罵、攻訐，智者們是傾向鼓勵我們學習「烏龜」在大自然界的防守原則！面對別人的批評，是要能雍容、大器地解釋，而不是反脣相譏；既要讓自己毫髮未傷，但也不刺激對方，給敵人留點餘地。事實上，這麼做才

信仰
是最好的**金湯匙**

是既聰明而且有遠見。

在面對批評時，我個人期許自己能以「烏龜」的哲學面對之。也許有人要懷疑：這樣做真的好嗎？但要知道，烏龜這物種在地球上可是活了幾億年之久呢！牠遠比刺蝟耐活多了。您說是嗎？

親愛的朋友，請回想一下，您過去都是如何面對批評的？您的反應是屬於哪一種？無論是在職場上、家庭裡、同儕間，期盼我們所處的社會能夠「少一些刺蝟，多一些烏龜」；面對別人的批評，能有辯才去成功地防守、自我保護，但也有雅量不去反刺對方。相信這會讓我們所處的環境氛圍更加和諧而有益。

【名人的悄悄話】

圓融是一種本領，既可避免樹敵，又能言之有理。

～牛頓（物理學家）

寬恕，是零元的公益

甲先生與乙先生已經在工作上冷戰了好一陣子了，他兩人是服務於同一家客運公司的司機。這天，甲先生又想到幾天前乙先生所做的事，在在讓他耿耿於懷：「就這麼算了嗎？哼！可不能就這麼便宜了他！」甲先生心裡這樣想著，於是，他準備了一套犀利的說詞，準備要在轉運站休息室裡，當著眾人的面好好羞辱乙先生一番。果然，計畫完全奏效！那天，乙先生在眾人面前被罵到支吾其詞，只得羞憤地轉身出門，上了駕駛座，準備開下一趟公車。

但想著剛剛甲先生罵他的字眼，乙先生的心中滿是怒火、羞愧與委屈，心想著：「同事一場，我縱然這陣子

信仰
是最好的**金湯匙**

與你有小過節，你需要這樣當眾污辱我嗎？」乙先生的腦子裡不斷地想著這些，公車開著開著，一個不小心，沒看到前方已紅燈，直到「碰！」的好大一聲！伴隨著車上、車外眾人們的驚呼聲，他這才回過神來。而當他顫抖地走下車，這才知道自己已闖下了大禍，一個騎機車的婦女在他恍神、闖紅燈的輪下當場斃命；這位枉死者，還是一個單親媽媽，留下了三個仍在就學的可憐孩子。

當天晚上，經新聞一報導，社會大眾開始幫這三個遺留下來的孩子發起公益募款。而司機乙先生也成了社會上千夫所指的對象，他的家庭也連帶陷入愁雲慘霧之中。

這件事，司機乙先生自是責無旁貸！他該負起最大的責任！但想一想，如果甲先生在事發之前願意選擇原諒、寬恕他呢？如果甲先生寬恕了他，而不是用那番犀利的言詞去羞辱他，乙先生可能就不會恍神，也就不會鑄成大錯；那位無辜的單親媽媽可能還是會好端端地活著，三個小孩子也不會就此成為孤兒。乙先生自己固然需要為自己的行為負絕對的責任，但甲先生當天若能選擇寬恕，他可能會救了乙先生，救了那位單親媽媽，也等於繼續維持了那三個孩子的生活供應，亦省去了許多由社會各方所捐助的資源。

也許，連甲先生自己都省思不到：如果他那天選擇寬恕，不講那麼毒辣的話去報復乙先生，那麼後來一連串的事情可能都不會發生，一切的一切都可以避免，這麼做絕對比事後發起任何公益募款活動都要值得多了。

　　我喜歡這樣定義——「寬恕，是零元的公益」。可不是嗎？它雖不用花一毛錢，但您若選擇去寬恕一個您身邊的人，卻有可能為社會帶來許多良性的「連鎖反應」，或是避免衍生出一些負面的連鎖悲劇，是我們事前用肉眼所看不到的。

　　做公益，不一定非得捐大錢或捐發票，只要從學習「寬恕」開始。如果人人都能學習寬恕，則可能可以間接省去許多不必要的社會成本，對社會的正向影響將是極為巨大的。

　　寬恕，是零元的公益，是使社會更好的無形公益活動。如果您希望社會更好，不妨就從「寬恕一個自己身邊的人」做起吧！

 【名人的悄悄話】

　　有很多朋友的人，就是有很多財富的人。

　　　　　　　　　　　　　　　　　　　～莎士比亞

溫柔，是一把鑰匙

聽過天方夜譚中〈芝麻開門〉的故事嗎？有個山洞被一塊神奇的大石頭給堵住了，而這塊大石頭可是會聽話的呢！可是偏偏人們講什麼，講得再多，再大聲，甚至是用力去推它，這塊石頭依舊堵在洞口動也不動；但此時如果有人到它前面喊一聲：「芝麻開門！」哈！則毋需再出力，也不必再費口舌，這塊神奇的大石頭就會如長了腳一般地自動移開。

〈芝麻開門〉是則很有趣的童話故事。然而，在現實生活中，人們口中的言語不也如此嗎？沒用的話說得再多次、再大聲，對當下所面臨的僵局一點兒用也沒有；相反地，只要溫和地講出一句關鍵而有用的話，眼前的問題便會立即移開。無怪乎《聖經》如此形容：「溫良的舌是生命樹」（箴十四4）、「柔和的舌頭能折

斷骨頭」（箴廿五15）。溫柔，是一把鑰匙，只要角度對了，就可以打開緊閉的心，甚至是打開僵局。而言語溫柔與否，不在於說話的內容，乃在於說話的態度；它是一種氛圍，這是需要被醞釀、營造的。

在大學教書時，剛好有堂課是教到「臨床會談技巧」。有幾點原則，其實在一般職場、家庭中也可以應用，謹與大家分享之。

1. 專注：在與人對話時，要讓人家覺得您正專注聽他所講的話，特別是在談對方所在意的重要議題時；甚至可以用眼神、語氣，來讓對方感受到您一直在接收、聽進他所說的話。

2. 傾聽：傾聽是很重要的態度。不要輕易打斷人家的話，就算您真的有很好的方法迫不及待地想要建議、幫助對方，在別人的話還未講完時就打斷或插嘴，是一種不及格的助人技巧。中文字很有趣，「聽」字中除了有「耳」以外，也有個「目」，可見傾聽不光是用耳聽，就連對方的肢體語言也是可以觀察。

3. 同理：您不見得要同意對方的所有觀點，甚至可以不認同對方的價值觀；但要讓對方知道您是可以理解、體會他此時此刻的心情與感受的，甚至讓對方覺得有被接納的感覺。

4. 誠意：要讓別人感受您的誠意，是為了對方的好處。

當我們懂得掌握住「專注、傾聽、同理、誠意」這四個原則時，就是「溫柔」了；我們就可以在四個原則的基礎上，以較高的命中率去摸索出對方此時此刻能聽得進的話語與角度，進而成功地說出適切的話，以打開僵局。

溫柔，是一把鑰匙。就像「芝麻開門」的故事一樣，有時話語講得再多、講得再大聲，對打開心門或僵局一點幫助都沒有，但若講出一句溫和、關鍵而有用的話，就什麼問題都移開了。願我們都能善用「溫柔」這把鑰匙。

【名人的悄悄話】

一位好的聆聽者不但到處受歡迎，而且一陣子之後他懂得一些事情。

威爾森・米至內（Wilson Mizner）

謙和，是**防彈衣**

社會是一所大學，我在這所大學裡學到了許多過去在學校裡學不到的功課。其中，我學到了一個寶貴功課：你沒有辦法阻止別人「嫉妒」你，但你卻可以盡量避免別人「恨」你。

古人說：「不遭人嫉是庸才。」是以哪怕您我只要一點點小成就，都可能有人會酸在心裡。所以我說，我們沒有辦法阻止別人嫉妒我們，即便我們才華不多。但根據心理學，情緒要從「嫉妒」轉化到「恨」，是一個很快的過程！前者無法杜絕，後者卻是可以盡量避免的，關鍵乃在於「謙和」二字。

在這個競爭的社會裡，我們很難完全躲掉因嫉妒而來的流言蜚語；此時，「謙和」會有如一件無形的防彈衣，為我們擋掉不必要的傷害。要如何穿上「謙和」這

件無形的防彈衣呢？有以下三個方式：

● 少在眾人面前誇耀自己的成就：

當我們有好表現時，總會忍不住想與人分享，這是人之常情；但那些話聽在別人耳裡卻可能是刺耳的，特別是當他們表現不順遂時。是以，《聖經》說「與哀哭的人要同哭」；盡量不要在失意人面前暢談自己的得意事。也許您是無心的，但這很可能會讓聽者咬牙切齒。而從另一個角度來看，如果您在某方面的表現真的很好，那麼其實也不需要您自己開口，自然會有眾人爭相開口稱讚您在那方面的好；如果眾人都沒有開口，那就代表其實火候還不夠，再多多努力吧！總之，盡量少在眾人面前誇耀自己的成就；若真要講，講得謹慎一點。

● 不要獨享掌聲：

當您有成就時，不要獨享掌聲，把掌聲分一些給別人吧！用一顆感恩的心，拉別人上台來一起共享您的榮耀，或幫助別人在未來也能享受到同樣的鼓勵。當你懂得感恩、助人的時候，就不會被掌聲給沖昏了頭，也可以讓別人心中對您的嫉妒被昇華為祝福。

在社會上，千萬不要作一個事事攬功、獨享掌聲的人，這樣同樣會讓別人對您咬牙切齒。

● 低調而持續地努力以赴：

古人說：「譽之所至，謗亦隨之。」當我們在某方面有好表現時，自然會伴隨著或多或少的閒言閒語。我們不能全然杜絕這些閒言閒語，但也不值得耿耿於懷、疲於解釋，或是高調地反脣相譏，這往往只會把情況越弄越糟。《聖經》上說「不要為自己申冤，寧可讓步」，只要謙和而低調地繼續努力，繼續往前進，多做、少說，默默累積成果，久而久之，別人對你的嫉妒自然就會轉為佩服。

謙和，是無形的防彈衣！可以為您擋住許多因嫉妒而生的攻訐。上述三點，我並不是一出社會就懂，而是莫名其妙「中彈」了好幾次以後，才恍然大悟，才慢慢發現自己處世上的盲點，才慢慢摸索出以上三點。謙和，可以化解別人對你的嫉妒；自大，則可能會讓別人對你的嫉妒瞬間轉化為痛惡。

當我們小有成就時，或許沒有辦法杜絕別人「嫉妒」我們，但卻可以盡量避免別人「恨」我們，關鍵就在於我們能否活出「謙和」的生命。

【名人的悄悄話】

敗壞之先，人心驕傲；尊榮以前，必有謙卑。

〜所羅門王

成為一隻獅子

常聽到有許多人會不平地問:「為什麼我跟他有一樣的學位,但他卻爬得比我高?」「為什麼我有著跟她一樣的證照,但她仕途卻比我順?」其實,關鍵點在軟實力,在一個人的本質條件。

我很喜歡套用台灣某企業家說的一句話:「學歷、證照並不是最重要,重要的是你本身是什麼!學歷、證照就像一對『翅膀』,如果你本身是一隻老虎,學歷就會讓你『如虎添翼』;但如果你本身只是隻老鼠,學歷也不過讓你從老鼠再變為一隻蝙蝠而已。」這位企業家的一番話,其實相當值得省思。

老虎,是中國人認為強大的象徵,沒有其他動物能跟牠比,因為古代中國境內幾乎沒有「萬獸之王」——獅子,是以老虎就稱王了。

而如果你本身能成為一隻「獅子」，那就更不必擔心懷「才」（學歷、證照）不遇了。說到「獅子」，那真是種值得人類尊敬、學習的動物。您想成為一隻「獅子」嗎？我們有幾點可以學習：

● 學習獅子的「定睛」：

獅子有清楚的「目標」，當牠看到目標出現時，牠會定睛在目標的身上；牠，也會仔細地評估、篩選目標。親愛的朋友，您人生的目標在哪裡？您的目標切實際嗎？值得深思。

● 學習獅子的「惜力」：

獅子是一種很懂得「惜力」的動物，牠們不會一天到晚張牙舞爪，浪費力氣；牠們會把氣力給省著，等目標出現時，才會拿出王者的爆發力，奮力一衝！親愛的朋友，您懂得「惜力」嗎？您會不會把過多的精力花在臉書、電玩、聊是非……上？人，不可能永遠保持最佳狀態，懂得「惜力」則是偉人的共同特質。

● 學習獅子的「團隊合作」：

獅子非常合群，一隻獅子難以捕到獵物，但一群獅子則戰力大不相同。也許最後撲到獵物的不是自己，但每一隻獅子都會在過程中賣力配合。「團隊合作」是二十一世紀的致勝關鍵！

● 學習獅子的「愛家」：

獅子雖稱霸於大草原上，在外頭威不可擋，但獅子卻相當愛家、愛孩子，牠們會溫柔地叼著小獅子，或慈祥地讓小獅子爬到牠頭上玩。

我是基督徒，教會裡常有人會好心地告誡我：「你要小心呀！如果你要有成功的事業，家庭生活就很難幸福。」然而，我覺得這種認知完全錯誤。我們的上帝是豐盛、慈愛的上帝，難道祂要大大使用一個人時，會先要他以犧牲家庭來做為交換？這顯然不合上帝的性情。人生是「複選題」，而不是「單選題」，我們就是要複選家庭、事業雙雙蒙福！歷史上許多偉人，也同樣都有美滿的家庭。您相信嗎？當一個人懂得「愛家」的時候，也一定會連帶培養出許多有益於事業的人格特質。

學歷、證照就像一對翅膀。一對翅膀給了老虎，他就會「如虎添翼」；但若給了老鼠，不過再變成一隻蝙蝠。重點在於「你本身是什麼動物」！

讓自己成為一隻「獅子」吧！培養「定睛」、「惜力」、「團隊合作」、「愛家」的特質與品格，才能活出榮神益人的生命。

【名人的悄悄話】

生活好比橄欖球賽，原則就是：奮力衝向底線。

～美國第三十二任總統　羅斯福

品格是「匙柄」，掌握住你不凡的價值

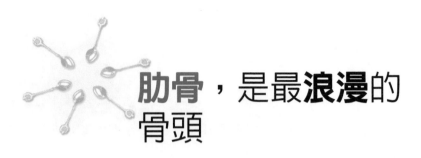

肋骨，是最**浪漫**的骨頭

在我高中時，有一回我無意間在家裡翻到一張我爸爸在我剛出生不久後寫給媽媽的「情書」，上頭寫著：「鮮花，送給我的『肋骨』，賢淑又善良的妻子。我會努力成為一個好爸爸、好丈夫。」下面落款日期寫的是我出生後沒多久。由字面上看來，當時爸爸還送了一束鮮花。

我可以想像那種畫面，當媽媽剛生出一個軟綿綿的小嬰兒不久，接到爸爸的這張卡片與鮮花，她會是多麼地感動。為什麼爸爸稱呼媽媽為「肋骨」？其典故源自於《聖經》裡的浪漫愛情故事。當上帝造了亞當之後，覺得亞當一人獨居不好，就趁他午睡時抽出他的一根肋

骨，並用那根肋骨另外造出了夏娃來陪他。是以知道這浪漫故事的男士，常會以「肋骨」來稱呼自己的妻子。

肋骨，無疑成為了人體兩百多根骨頭中，最具浪漫典故的一種了！而當我自己在婚姻裡摸索了一小段時間之後，我又更喜歡把妻子給喻為肋骨的這個比方了！特別是每當我憶起大學時上解剖課所習得的知識，讓我更加覺得把妻子給暱稱為肋骨，真是妙呀！怎麼說呢？

● 妻子像肋骨，值得好好被保護：

試想，你走在路上，一個流氓忽然拿著棒子迎面向你打來，你會怎麼反應？立即的反應，一定是用手去擋，或把背轉向他——不會有人挺出「肋骨」去擋的，這是一個正常人的反射動作。一個正常人，他寧可手骨斷了，也不願對方傷到他的肋骨。可不是嗎？妻子就像肋骨，值得好好被呵護。

● 妻子像肋骨，是最「貼心」的骨頭：

肋骨，是最「貼心」的骨頭；在解剖學上，它離人的心最近、弧度設計更是緊貼著心。一段正常的婚姻，妻子也應該是丈夫最貼心的朋友。許多已婚男人喜歡「搞曖昧」，除了妻子以外，還有許多紅粉知己，甚至跟她們遠比跟妻子更能談心。這絕不是一個好現象！這好比一個人若大腿骨、鎖骨離心臟的距離，長得比肋骨

離心臟的距離還要近，那就成了畸形了；不是說其他骨都不重要，但肋骨才該是一個男人最「貼心」的骨頭，而不是其他骨頭。您是否懂得積極經營自己的婚姻，讓您與配偶穩坐彼此「最佳異性朋友」的寶座？這是上帝藉由解剖學所提醒我們的婚姻觀。

● 妻子像肋骨，可以保護男人的心：

在解剖學上，肋骨的最重要功用是保護心、肺；若沒了肋骨的保護，一個小撞擊、甚至摔個跤，就足以傷及心臟，讓一個人喪命。可不是嗎？男人再有事業心、再有能力，他其實也都需要枕邊人的愛與保護，我不是指外在的保護，而是指一些甜蜜的鼓勵與安慰，使他的心不至被外在的攻擊或一時的跌倒給擊垮。這對一個男人非常重要。

把妻子給暱稱為肋骨，這不只是套用自《聖經》裡的浪漫愛情典故，我認為這更是上帝要藉由「肋骨」在解剖學裡的位置與功用，給眾男女們上一堂婚姻課；要藉由「肋骨」在解剖學裡的位置與功能，告訴我們該怎樣面對自己的另一半。

如果你是已婚的男人，請珍惜、愛護你的「肋骨」，她在你兩百多根骨頭中極為重要；如果妳是已婚的女人，請盡量發揮「肋骨」的功用，會讓妳的婚姻更幸福

美滿。

　　神學、解剖學，竟可以有如此相通、相呼應之處！
讓我不得不讚嘆上帝所創造的一切何其有趣。

 【名人的悄悄話】

這世界若是沒有愛情，將有如一盞沒有亮光的
走馬燈。

　　　　　　　　　　　　　　　　　　　～歌德

要為了「造成改變」而開口

曾經有一次，某位與我略有交集的仁兄做了一些讓大家頗不認同的事，我跟他表達了我的看法之後，他仍然堅持己見，當下我便沒有再多言。友人知道了，便問我：「他做的事明明就不對，你為什麼不多講他幾句呢？」

我分享了我的立場：「因為時機不對，我這個人不純粹為『表達意見』而講話；我講話的前提，是為了要能『造成改變』！現在的他根本聽不進別人的意見，我若講了，只能純粹『表達意見』，但無法『造成改變』；不但如此，且可能還會破壞了我跟他之間的情誼，即便哪一天時機到了，我真的開口，他也不會聽了，因為我

跟他之間的關係早已有芥蒂。」

　　我不純為「表達意見」而講話，我講話更是希望能夠「造成改變」！這是我一貫的立場，特別是在正式、公開或已有衝突的場合，否則有時我寧可緘默。我願意用以下這個我自創的圖，來與大家分享三種類型的言語，以及其後果：

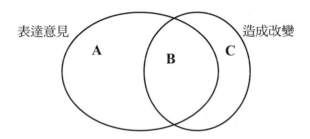

　　在面臨人際之間的歧見時，上圖這兩個圓，代表了我們對當事人所講的話的類型。右邊那個圓，代表的是「造成改變」，我指的是好的改變；左邊那個圓，代表的是「表達意見」，表達自己的想法。

　　有的話語是座落在 A 區：有表達意見了，但並沒有造成任何的改變。這樣的言語常常會淪為純粹的情緒發洩，甚至弄不好還惡化了彼此的關係。君不見有的尊長訓晚輩，其言語確有達到他「表達意見」的目的，但

完全沒有造成晚輩的改變，有的甚至還適得其反。這樣的言語，屬於上圖的 A 區範圍。

有的話語是座落在 B 區：清楚地表達了自己的意見，也造成了對方的改變。不管您是苦口婆心地規勸也好，痛心疾首地斥責也好，總之，聽者確實改變了！都算是圓滿收場，亦是最常見的成功規勸、說服模式。這樣的言語，屬於上圖的 B 區範圍。

有的話語是座落在 C 區：這種人很妙，他要你改進某些作法，卻不指責你，不表達他心中對你那些作法的不屑或不認同。那麼，他怎麼講呢？他舉一些典範也好，轉個彎鼓勵、激發你善的一面也好；總之，他的言語確實造成你的改變了！但妙的是，他並沒有表達出心中對你某些行為的不屑或不認同。這樣的言語，屬於上圖的 C 區範圍。

想一想，無論是在職場遇上令自己不以為然的事，或是在教育子女、輔導後輩時，您所慣用的言語，通常是座落在上圖的 A 區？ B 區？還是 C 區？

若以我所提出的這個圖來看，我必須說，這個社會充滿了太多的「A 區言語」！太多人只會一昧地「表達意見」，卻沒有智慧去思考能否「造成改變」，自然也就無法讓當事人聽進去。我並不是說這種純粹的「表達意

見」完全沒有必要，但點到為止即可；說多了，聽在當事人耳裡，往往會變成一種不必要的挑釁、貶抑。無怪乎《聖經》上常叮嚀後世要適時地「勒住自己的舌頭」，多言多語反而壞了事。

在許多時候，講話不應只是為了「表達意見」，更是要能「造成改變」。深願您我口所出的言語都能多多座落在「B區」或「C區」，不只是作一個有聲音的人，更是要作一個有影響力的人。

 【名人的悄悄話】

一個鐘擺的功能不在於快速，而在於準確。說話亦是如此。

～富蘭克林

不當縱火犯

老王是某公司裡的二級主管，她能力不差，唯一缺點就是喜歡捕風捉影、道人長短；有時工作壓力一大，或事情一不順，就會找個對象來八卦、品頭論足一番。

然而，她所傳舌的內容多半都是不實、臆測的，總要等到當事人來向她抗議了，她才會不再傳揚那些說詞；但是，對當事人卻已經造成難以彌補的傷害。

其實老王並不是一個所謂的「壞人」，但就是勒不住自己的舌頭。幾次下來，不知已有多少人因著她而飽受負面流言的困擾，甚至引起職場上不必要的對立與誤會。

有的時候，言語的破壞力可以是很大的！上述故事中「老王」的作風，讓我聯想到《聖經》上有一句諺

語形容得很妙：「舌頭在百體裡也是最小的，卻能說大話。看哪，最小的火能點著最大的樹林。」的確，在人際關係上，「往來傳舌」猶如「縱火」，破壞力之強、之快！相信許多人都曾有過如此經歷。

想一想，在辦公室裡，有多少的誤解與衝突，都是因為轉了好幾手的八卦所造成的？最後帶來的，是工作氣氛的僵硬。

想一想，在教會裡面，有多少的誤會與紛爭，都是因為有人喜歡嚼舌根？最後造成會友、牧者之間的不愉快，甚至分裂。

倘若「往來傳舌」好似「縱火」，那麼，我們會是辦公室、教會裡的「縱火犯」嗎？我們會不會一不小心講了一些自覺無傷大雅的八卦、論調，而後卻在辦公室、教會裡「如火燎原」了起來？

是以在一件事要講出口之前，我們不妨先考慮以下三件事：

1. 我確定我要講的是事實嗎？我們所講的內容真是事實嗎？很多時候，我們所要講的，連我們自己都不確定消息來源是否可靠，甚至有時還會不經意地加料，扭曲了事實。

2. 我講出口以後，對「當事人」有幫助嗎？講話的

目的，應是要使人更好。也許我們講的真是事實，但傳揚出去以後，會不會把當事人給逼得下不台，進而斷了回頭、悔改、改正的後路？給當事人一個後路，讓他有機會再起。

3.聽我講述的「對象」是否夠成熟？我們是講給誰聽？聽的人成熟度夠嗎？聽者會不會聽了以後因而軟弱？或又不成熟地把事情再加油添醋地渲染了出去？講話的動機、內容很重要，但講話時所挑選的「聽眾」更是需要篩選之。

當然，沒有一個人會是聖人，沒有一個人可能永不失言，是以《聖經》也叮嚀我們「要勒住自己的舌頭」。就如《聖經》上所形容的，舌頭可以造就人，但一個不小心，卻也可以「縱火」。

希望我們的舌頭都不會成為辦公室、教會裡的「縱火犯」，而是成為帶來祝福的管道。

【名人的悄悄話】

能夠管理大眾的人，必須先作自己的主人。

～馬辛傑（Philip Massinger）

PART 2

信心是「**支點**」，
撐起**不凡的**人生成就

掌握人生的金湯匙，

信心是「支點」，撐起你不凡的成就。

本章與您分享「你的信心有幾克拉？」、

「上帝造人，不是用影印機」、

「把時間花在刀口上」、

「拔出自己的石中劍！」等

十餘個人生黃金準則。

你的**信心**有
幾克拉？

　　百多年前，曾有位名叫李提摩太（Timothy Richard）的英籍浸信會宣教士入華宣教。這位宣教士頗不簡單，一個人年紀輕輕就來到人生地不熟的異文化地區傳教。一開始，鄉民們不喜歡他，甚至還對他潑糞，要他離開中國；但他並沒有這麼做，他並沒有改變自己對華人的熱愛，而選擇繼續留下來。

　　後來，他決定要辦一家可以對華人社會大大產生影響力的中文報紙，以作為宣教的媒介。許多人都覺得他瘋了！為什麼？首先，他是個英國人，他連在自己的家鄉英國用英文辦報的經驗也沒有，現在卻要在中國用中文辦報？其次，當時清末的中國人多是文盲，要辦中文

報紙？是何等難以經營！第三，幾年前英國曾在鴉片戰爭中把清政府打得落花流水、民族顏面盡失，在那個年代，英國人是中國人民潛意識中最痛惡的民族，一個英國人做的事，很難引起廣大華人們的迴響。

然而，李提摩太在經過祈禱與深思後，仍決定要去做這件看似不可能的任務。後來他發行了《萬國公報》，除了講述西方各國的文化外，並常在其中談到福音。沒有想到，這份報紙竟大受清末士大夫階級的喜愛，成了清末最有影響力的報紙之一，影響了千千萬萬華人的心靈。

李提摩太辦報紙，其實主、客觀因素都對他不利，他所有的只是對上帝的信心。他的成功，讓我想到《聖經》中所說的一句話：「你們若有信心，像一粒芥菜種，就是對這座山說：『你從這邊挪到那邊』，它也必挪去；並且你們沒有一件不能做的事了。」（太十七20）

這是一個很妙的比喻，闡述了大部分人的信心都太小，以致無法成事；而如果我們能夠有一點點的信心，只要像芥菜種那般一丁點兒大，就足以成就許多大事！

芥菜種有多大呢？真的很小，真的只有小小一顆；但即便只是小小一丁點兒的信心，它的價值也將猶如那小小一克拉的精鑽一樣，是無比珍貴的。

有時當我感到無力、無法突破某些窘境時，我便會在禱告中祈求：「主啊！如果這件事真是祢要我去面對的，就求祢加添我的信心，只要再多給我一點點信心就好了。」結果，眼前的困境往往會有意想不到的發展，心情也會得到很大的釋懷。

　　信心，是很珍貴的，是以我認為它是配得用「克拉」為單位來計算其量的。親愛的朋友，想一想：您的信心有幾克拉呢？我們或許不夠格自比某些信心極大的偉人，但我們仍務必知道：信心就猶如精鑽一樣可貴，小小一點，就價值不菲，足以讓您成就許多大事！願我們的人生都能持有這珍貴的重要信念。當然，若能持有越多，我們的人生就能經歷到越豐盛。

【名人的悄悄話】

　　面對光明，陰影永遠在我們身後。

～海倫・凱勒

每一天，都是一個 BOT

猶太民間有一則後人杜撰、發人省思的故事，說到耶穌升天後，有一次祂微服再回到世間來看看。祂在路邊看到一個乞丐，好手好腳，但卻蹲在路邊以乞討為生，便問他怎麼回事？他說：「我本來是個癱子，幾年前有位叫耶穌的人醫好了我；我一高興，便四處宴樂，這幾年，已把家裡的積蓄全敗光了。」

耶穌難過地搖了搖頭。再走過幾條街，祂又看到一個酒鬼癱坐在一邊，渾身都是酒味，醉得不省人事。耶穌私下問旁人這是誰？旁人回答：「他本來患了大痲瘋，但幾年前有個叫耶穌的人醫好了他，所以才活到今天，沒想到他不知珍惜，反倒卻成了個爛酒鬼。」耶穌

最後感慨地說：「難道這些世人就是這樣浪費所賜給他們的恩典嗎？」

雖然這只是一則後人杜撰的故事，然而，卻也不禁讓我們思想到：我們能活著的每一天，我們今天之所以能夠平平安安、健健康康地活著，難道不也都是因著上帝的恩典嗎？

每一天，都是恩典！每一天，都不是偶然！否則，人的生命是何等的脆弱、多變；歷經出生、成長、度日，其中均隱藏了許多變數，是以我們之所以能活到今天，在這當中不知有多少白白得來的恩典。

大家聽過「BOT」（Build-Operate-Transfer）嗎？它基本上是一種由政府提供土地、相關設施或釋出相關權力，委由民間單位來經營、管理的一種模式；許多公設、醫院、景點等，都是採取「BOT」的模式來運作，每個個案各有期限。而得到「BOT」的民間單位，無不視之為莫大的榮幸與契機，必定會在時間範圍內積極地經營、管理之。如果有哪一家廠商得到了政府提供的土地、權力、設施等，卻不在有限的時間內好好珍惜、經營，而是任其荒廢，那就真是太可惜了。

親愛的朋友，我們的每一天，也都是一個「BOT」！每天一睜眼，上帝就白白地提供了我們生命、氣息、健

康、時間，您我該怎樣「經營」我們的人生？每一天的日子，您是認真經營，還是毫無規劃，甚至任其荒廢？我們至少有兩點可以積極去做：

● 我們應該積極地規劃自己的「時間」：

上帝是很公平的，無論你的家境、學歷如何，祂給每一個人都是公平的一天二十四小時，您怎麼規劃這公平的一天二十四小時？

● 我們應該積極地經營自己的「才幹」：

我父親是一位牧師，他曾主持一位六十八歲的老太太的生日感恩禮拜，那位老太太在生日感恩派對上這樣講：「我四十歲彈琴（那時她老人家已可以在教會司琴），五十歲學英文（她老人家後來已可以用英文跟外國人交談），六十歲學開車。如果上帝讓我活到七十歲，我一定開畫展！」瞧！這是一個多豐富、多有意義的生命！如果一個六十八歲的老太太都這樣認真，那我們呢？

每一天，都是一個 BOT ！您怎麼面對上帝每天所白白賜下的氣息、健康、時間？生命，絕不是偶然！好好「經營」我們的人生，這是我們的榮幸！也是我們的責任！

【名人的悄悄話】

人要努力才不會迷失。

〜歌德

信仰
是最好的**金湯匙**

把**時間**花在**刀口**上

有個故事，說到萬禽之王──老鷹的孩子出世了！大家都很期待這隻小鷹未來的表現，老鷹更是對他寄予厚望。為了讓他更有能力，不僅送他到表舅貓頭鷹那裡去讀書，還帶他去向黃鶯學唱歌、向天鵝學優雅、向雁鴨學游泳。

然而，一年之後，小鷹書沒讀好，歌沒唱好，更不要說游泳了；甚至就連他本來該拿手的空中翱翔，以及世代家傳的鷹爪功，都練得一塌糊塗。

上述的故事主要是想向各位表達：在未來的職場，除非您是天才，否則「時間管理」是很重要的課題；而一個重視時間管理的人，無非是希望自己能有更好的表現、成效。在我所任教的輔仁大學醫學院職能治療學系剛創系時，我曾在系上開了一門談「生涯規劃」的選修

課，我向學生們提到了以下的時間管理觀念。我不敢說這個觀念放諸四海皆合用，但在職涯規劃上，應可有不錯的參考價值：

1. 花 70% 的職涯時間來經營自己的「強項」：

人，不可能什麼都會，千萬不要弄得像故事開頭的那隻小鷹一樣多頭落空。事實上，這個社會不太會記得您的各項技能之平均值，更無暇去看您的弱項，但大家會看您的「強項」！把大部分的職涯時間用來發展自己的強項，讓它變得更強、更專精！甚至成為代表您的品牌，社會才會記得您，進而再給您更多發揮的空間。有的職場青年常因事業不順而忿然，但又會說：「我不知道我的『強項』在哪裡？」如果是這樣，恐怕不能歸咎於大環境，而是該歸咎於自己！一個人如果連自己的強項在哪裡都說不上來，那麼憑什麼要社會給他更好的地位？用心找到自己的強項，用 70% 的職涯時間來經營它，使之成為更能祝福社會的技能！

2. 花 20% 的職涯時間來搜尋自己的「潛力股」：

也許有的技能目前還不是您的強項，但您在這方面其實是有潛力的！用 20% 的職涯時間多方面嘗試、探索，您的強項很可能不止一個。多方嘗試，也許會有意想不到的驚喜。

3. 花 10% 的職涯時間來強化自己的「弱項」：

　　許多人有一種觀念，認為在職場上需要針對自己的「弱項」多花功夫。但我認為，除非您有特別的異象（願景），又或是您的這個弱項實在已糟糕到成了致命傷，而在您的職場上卻又極需要這項技能，那才需要多花時間在該弱項上；否則，只需要花 10% 的職涯時間來強化自己的「弱項」即可。我們的社會不會去怪罪一隻老鷹不會游泳，老鷹只要小心別溺斃就好，但並不太需要會游泳。既然如此，為何還要花 10% 的時間在自己的弱項上呢？原因只是要「防止它再變得更差」，避免讓它差到成為您的致命傷！所以仍需花少許時間在那上面。有的人會覺得我這種只花少許時間在弱項上的教導似乎太消極？錯！這才是積極的！聽過「團隊合作」嗎？只要在您的團隊裡有人能補您的弱項，能與您互補，大家彼此補弱獻強，整個團隊就會全面強大。

　　上述三點，是我個人的職場時間管理原則。我不敢說大家都該學習這麼做，我只能說上述原則確實讓我受益無窮！親愛的朋友，您是懂得把時間花在刀口上的人嗎？人，不可能什麼都好，但一定要先認識自己。花 70% 的職涯時間來經營自己的「強項」，花 20% 的職涯時間來搜尋自己的「潛力股」，花 10% 的職涯時間來強

化自己的「弱項」，那麼幾年之後，您一定會經歷到出乎意料的驚喜與感動。

　　上帝創造每一個人，都是按祂自己的形像所造的，是以每一個人都可以是尊貴的！善用自己的特質，把時間花在刀口上，必能活得更精彩、成為更多人的祝福。

【名人的悄悄話】

人不只要向父母、朋友、師長負責，也要向上天負責。因為上天造他，在他身上賦予特殊的使命，並賜他適當的天賦與恩賜。

～司徒德

信仰
是最好的金湯匙

轉個彎，世界會更大

有一個人名叫霍華海德（Howard Head），從小就希望能夠成為滑雪高手，立志有一天要在滑雪界占有一席之地。後來，他果然因為「滑雪」，而在體壇上享有盛名。是因為他連得了幾屆奧運金牌嗎？答案並不是這樣。

這個從小立志成為滑雪好手的人，雖然對滑雪有著濃厚的興趣，但卻似乎沒什麼天分。屢屢練習，卻達不到效果，還常常出糗地把木製滑雪板給摔壞了！摔個四腳朝天、好不狼狽，甭說什麼國手資格、奧運獎項了。

他一開始覺得很灰心，但這並沒有讓他的人生就此變得消極。熱愛滑雪的他，後來成了工程師；常摔壞滑

雪板的他，開始研究該怎樣造出堅固耐用的滑雪板。幾年以後，他突發奇想地利用生產飛機的材質，造出了一種合成且不易摔壞的滑雪板，並用自己的名字將之命名為「海德滑雪板」！

不久之後，他所成立的「海德滑雪板」公司因為產品耐用，成了業界最具市場競爭力的業者。他，如願了！如願成了一位在滑雪界占有一席之地的人！但卻不是用他小時候所最先預期的方式。幾年以後，因著「海德滑雪板」，他不但在他所熱愛的滑雪界享有盛名，退休後還極為富有，晚景遠比許多職業運動員要好上許多。

每一個人都有「夢」！但華人說得好──「人生不如意事，十之有八九」。換句話說，您我的夢想，有百分之八十到九十要面臨變數。確實，人的夢想十之八、九都會有變數；然而我更喜歡《聖經》上所說的「天怎樣高過地，照樣，我的道路高過你們的道路；我的意念高過你們的意念」（賽五五 9）、「神能照著運行在我們心裏的大力充充足足地成就一切，超過我們所求所想的」（弗三 20）。

許多時候，因著天賦、時機、環境的受限，我們常會覺得彷彿有一面大牆擋在我們前面；但此時未必是

「無路可走」，而是「該轉彎了」！畢竟上帝的賜福常是超過人所求所想的。

　　人生就像開車，不能只會踩油門，也要學會「轉彎」。如果今天霍華海德固執著就是要當滑雪選手，否則就怨天尤人，那麼他一定不會有如今的榮景。今天的他因著會轉彎，世界反而變得更海闊天空、更充滿驚喜與感動。

　　轉個彎，世界會更大！當現有的夢想破滅時，先別急著埋怨。許多時候，上帝要帶領您走的可能是另一條路，另一條高過您所設定、且更美好的道路。

【名人的悄悄話】

　　我一直相信一切事情的發生都有上天的安排。

　　　　～隆納德‧雷根　美國第四十任總統

信心是「支點」，撐起不凡的人生成就

「怪咖」與「大師」的差別

曾和一位在出版界極具公信力的主編聊天，聊到一位我很喜歡的講員。那位講員經常在電視上開講，牧師出身的他，早已是基督教界的名嘴。在言談間，那位主編講了一個讓我訝異不已的舊聞：「你知道嗎？那位講員在學生時代，一直被教會團契裡的同儕與輔導給視為『怪咖』，跟大家格格不入。」

我一開始真無法置信！那位講員，在許多人心目中是個典範型的人物，他的講道與著作讓許多人很得幫助，怎麼會是「怪咖」呢？但後來想想，在歷史上，許多各個領域的「大師」們，過去也都曾被視為「怪咖」！憑心而論，這也是很合理的現象。

一個人為什麼能夠成為「大師」？想必是有獨到的創見，更遠的視野，以及與眾不同的思維，否則就不會成為大師，而只是個思想從眾的常人了。而這樣的人、這樣的思維，看在思考普通、眼界平凡的大多數人眼裡，確實可能成為「怪咖」。特別是在他還年輕的時候，大多數人會驚訝他的思考與意見，認為他腦筋跑得太快；這樣的人，甚至還會讓許多凡人覺得他需要接受特別輔導。

　　然而，正是這樣超凡、超齡的格局，讓他日後與眾不同！讓他日後成為一代大師。的確，許多「大師」都是由一些「怪咖」長大之後所蛻變的。

　　不過，我們也必須持平地說，有許多諸如上述的「怪咖」，假以時日之後卻仍舊只是個怪咖；不但沒有蛻變成「大師」，甚至還演變成讓眾人咬牙切齒的人物。可不是嗎？誰跟您說怪咖一定能變成大師的？大師可不是這麼容易變來的。

　　兩者的關鍵差異，就在於一個人怎麼運用他的「怪」！在於有否運用他獨特的眼界來貢獻大眾。某些人之所以在年輕時讓人覺得怪，正是因為他的與眾不同。他能夠看到人所不能看、想到人所不能想，甚至能看穿許多凡人所看不到、想不透的盲點；這樣的人，常

信心是「支點」，撐起不凡的人生成就

會有一種「眾人皆睡我獨醒」的遺憾與寂寞，但不可否認其思考確有獨到之處。這時，他若能將這些獨到的眼界運用在造福眾人的方向上，那麼他將會走出一條嶄新的路，成為一代宗師；但若只是把這些獨到的眼界用來批判眾人的無知，那麼頂多只能當一個憤世嫉俗的怪咖批評家。

一代宗師與憤世嫉俗的批評家，兩者都有獨到的眼界，但前者用來造福眾人，後者卻是用來批判眾人。

親愛的朋友，如果今天上帝賜給我們一些與眾不同的眼光，讓我們看到眾人所看不到的盲點，我們是會善用這樣的視野有技巧地造福眾人，還是只是使自己變得憤世嫉俗？您是否能夠將您異於常人的觀點轉化為正向的力量？這將決定您此生會成為「大師」，或只是個「怪咖」。

 【名人的悄悄話】

肥皂一經使用就會融化，但卻可洗淨許多污物，幫助許多人；如果有肥皂不願被融化，那就一無是處了。

～華納梅格

拔出自己的石中劍

慢慢長大後，我越來越喜歡英國小說《石中劍》的故事，故事描述到有一把劍被插在石頭上，許多大能、大力的勇士都拔不起來，但最後卻被一個小男孩給輕鬆拔起。然而，他能把劍拔起，不是因著力氣，不是因著輩分，也不著因為才幹，而是因著「命定」，這把劍就是註定屬於他的。對小時候的我而言，這只是個故事；但長大了以後，卻成為自己的親身體驗。

就像那拔起石中劍的小男孩一樣，上帝讓每一個人誕生，都不是偶然的；每一個人都是特別的，一定有些事是祂真正要你去做的！然而，你我之所以能做那些事，絕不是因為你我本身有多好，絕不是因為我們自己的能力、輩分、才幹配得去做那些事，而是因著祂的旨意。我現在所做的許多事，其實都不是我所擅長的；客

觀而論，有太多人比我更夠資格去做那些事。但就如同小男孩能夠拔出那把石中劍一般，我能夠做好那些事，絕不是因為我本身的能力、輩分或條件，而是因為那些事是上天要我去做的，所以我能看似輕鬆地完成它們。

我父親是一位牧師，我一直記得從我一上大學開始，就有許多「人」對我未來的事奉路線有許多的期待，但當時父親跟我說過一段話，對我影響甚鉅！他叮囑我：

「不要看到其他年輕人做什麼，就跟著想去做；有些事情就算施以諾不去做，還會有別的年輕人去做，而且他們會做得比施以諾更好。但是，有些事情如果施以諾不去做，別說其他年輕人不會想去做，就算是牧師、傳道人想做，也不會做得比施以諾更好。要去做上帝真正要施以諾去做的事。」

這句話當時深深震撼我！的確，人要活得快樂，就要找到自己的價值，而人若要能找到自己的價值，絕不是一昧地「去迎合人的期待」，而是要能「去做上帝真正要你去做的事」！當一個人明白什麼是上帝要他去做的，而他也確實去實踐它了，那種喜樂與滿足，是所有的娛樂、狂歡都比不上的。

每一個人的誕生，都不是偶然的；上帝造每一個

人，都有祂的旨意，都有祂希望您我去做的事。就像拔起「石中劍」的小男孩一樣，許多人之所以能做某些事，絕不是因為本身的條件有多好，更不是因為自己的能力、輩分、才幹等配得去做那些事，而是因著上帝的旨意。

人的一生並不長，如果要去迎合「人」對你的期待，你永遠也討好不完！且不會快樂，也活不出價值；但若能明白什麼是上帝真正要你去做的事，並去實踐它，您此生一定會活得很快樂！

也許我們的能力、輩分、才幹都有限，但我們每一個人都必有一把「石中劍」等著我們！親愛的朋友，尋求上帝的旨意，拔出此生屬於你的「石中劍」吧！完成上帝託付你的命定，您將經歷難以言喻的喜樂與滿足。

 【名人的悄悄話】

幸福存在於一個人真正的工作中。

～奧理略

信心是「支點」，撐起不凡的人生成就

三十而飛──三十歲前該做的**七件事**

古人常講「三十而立」，意思是三十歲便該成家立業了。當然，隨著時代的進步，有些觀念早已汰換，然而，「三十歲」仍可以是一個很好的分界。《聖經》曾記載許多人物的事蹟，許多人做大事的時候，都還不到三十歲、或才約略三十歲呢！三十歲，乍聽之下還是個年輕人，但一個三十歲的人絕對已經「夠年長」到足以成就許多大事了！

我喜歡用一個比三十而立更正向的詞──「三十而飛」！人，是可以展翅如鷹的！怎麼說呢？《聖經》有句話說：「但那等候耶和華的必重新得力。他們必如鷹展翅上騰。」（賽四十31）而什麼是「等候」？請相信

我！「等候」絕對不是閒著任自己放空；等候，是一種積極盼望、積極準備的心態。我們也許無法預知未來的道路，但一個負責任的人，一定會先裝備好自己來給上帝使用。您希望「三十而飛」嗎？在三十歲以前，有七件事我們可以去做：

● 尋求自己的人生目標：

等到你三十歲以後，若有人問您：「您現在從事什麼工作？」您有沒有辦法光榮、平靜地回答出來？還是總是埋怨自己並不喜歡那份工作？曾有一位補教名師在電視上談工作，她說：「人生就像穿襯衫扣扣子，如果第一顆扣子被扣錯了，之後整排就會全歪了！」她的意思是：人如果糊里糊塗地找了一份自己不喜歡的工作，之後就很難快樂。千萬不要等到近中年才開始思考、摸索「我人生的目標在哪裡」？「我的興趣在哪裡」？這其實是在二十幾歲以前，就可以開始去思索、尋求的事。

● 每年至少閱讀三至五本書：

閱讀的好處真的太多了！無論是純文字書或是有深度的繪本，都對一個人有很大的幫助。您當然不見得要接受書中的所有價值觀，但一個人若能建立起閱讀習慣，每年至少閱讀三至五本好書，其深度與談吐將會大

不一樣。

● 培養一項藝文休閒：

為自己培養一項藝文休閒，無論是音樂、寫作、繪畫……，您不見得要靠藝文吃飯，但仍一定要養成一項藝文休閒。有人說：這是一個要求「專業」的時代。我認同！但若一個人到後來「只剩下專業」，那麼這樣的人也太無趣了！請相信我，一個專業人士若還能再具有一個藝文休閒嗜好，那麼他的整體魅力將會大大增加！進而增加在其專業領域內的聲望與影響力。

● 要爭取當「幹部」的機會：

三十歲以前，一定要爭取當過「幹部」的機會，無論是在學校、教會、社團、自組團體……，不一定要當多大的幹部，任何一個小幹部都可以。重點在於找機會訓練自己規劃、溝通、協調的能力，這一點在未來非常重要。

● 為自己未來的婚姻禱告：

婚姻幸福與否，將大大影響您下半生的品質。我見過許多人在年輕時就為自己未來的婚姻禱告，後來她們未必嫁給多有社會地位的人，但卻是最適合她們的，她們也的確幸福美滿。

信仰
是最好的**金湯匙**

● 至少曾與十個人分享信仰的好處：

如果您覺得您的信仰不錯，那麼就分享給別人吧！至少對十個人分享，也許別人當下不一定接受，但種子已經撒出去了，說不定哪一天要開花結果。

● 養成一個自己不喜歡，但對自己有益處的習慣：

人要「養成一個自己喜歡的習慣」很容易，但也很平凡；而人若能有遠見與決心去「養成一個自己不喜歡，但卻對自己有益處的習慣」，未來必將深深受益。舉例來說：有的人不習慣運動或不愛吃青菜，但這些都是「雖然自己不喜歡，但卻對自己有益處」的習慣。想一想，在您的生命中，還有哪些是您不喜歡但卻值得建立的習慣？

說真的，三十歲，已經是一個「夠年長」到足以成就許多大事的年齡了！然而「等候耶和華」絕對不是成天癡癡沒事做，等祂從天下掉下一個好職位給你！「等候」指的是一種積極準備的態度！積極準備好自己，但使用權留給上帝，祂必悅納這樣的擺上。上面這「三十歲前該做的七件事」也許不是什麼金科玉律，但我相信有一定的參考價值。

如果您要問：若我早已經超過三十歲了，但上面七件事幾乎沒做到，那該怎麼辦？其實沒關係，永遠不

信心是「支點」，撐起不凡的人生成就

嫌晚，因為哪怕是四十而飛、七十而飛，就算起飛得再晚，也未必就會飛得比較低，這種例子亦是不勝枚舉呀。

【名人的悄悄話】

所謂的青春不是指人生的某個階段，而是指心境。

～賽妙爾‧烏爾曼

信仰
是最好的**金湯匙**

學位服的省思

記得以前大學畢業，穿學士服拍照的時候，由於穿的還是那種中式的學士服，拉鍊一拉，方帽一戴，就一切就緒了，我自己一個人就可以迅速搞定。

後來唸了研究所，碩士袍明顯比學士袍漂亮多了，除了袖子明顯較華麗之外，批肩的顏色、質感更是好看許多，但也因為多了那批肩，上場時得兩兩幫忙，看看對方批肩的前、後面有沒有擺正，這才能上場，免得出了洋相。

後來，我又唸了博士。博士袍，大概是我這輩子穿過最誇張的服飾了，袍子本身就挺炫目，還加掛上一個長長的批肩，由前胸一直延伸到腰後以下，批肩後頭還必須翻出某個特別的角度來，讓批肩裡面的顏色也能被看到。這樣莊嚴嗎？我倒覺得整個人看起來活像隻大鸚

信心是「支點」，撐起不凡的人生成就

鶆，令人不禁有些莞爾。要穿妥這樣大件的袍子，不但自己一個人搞不定，兩兩幫忙也還不夠，需左右四周的人互相注意，看看彼此的袍子、批肩歪了沒，角度翻對了沒有，這才穿得妥當。要穿妥這樣一套繁瑣大袍，靠自己一個人還真是不行。

不知您有沒有發現一個現象：越高等的學位服，若想要穿上、穿妥它，就越需要懂得「與人合作」，而不是光靠自己。

書越往上讀如此，人生其他事又何嘗不是如此呢？越往上、越處高位，就越需要懂得與旁人合作、彼此服事，而不是單打獨鬥。如果一個人的性格不易與他人合作，一定會造成自己的人生在更上一層時受到限制。

穿了三次不同的學位服，我覺得上天藉由這三次的「穿衣經驗」，給我上了寶貴的一課，提醒我團隊合作與為人處世的重要性。這也是我在書本與論文之外，所另外悟出的感受，一種比有形的知識更寶貴的人生體悟。

【名人的悄悄話】

能虛心接受人們的幫助，也能虛心的去幫助他人，才能成大事。

～松下幸之助

長大，是一種學習**妥協**的過程

  A君一直想從事某一份職業，但就是無法跨入該行。他癡癡地等，希望能進入該行，但因著人格特質的不適合，他始終無法如願。後來，他找到了另一份也不錯的工作，但他不甘心；他的心也因而無法放在後來的工作上，無法看到後來那份工作的好，一直抱怨那份工作。懷著抱怨的心去做事，自然而然也就不可能做好，只能在該行業裡成為平庸。

  B君是醫界的一個年輕人，從小被父母細心栽培，談吐、智識一流，外表更是占盡優勢。然而，只要一遇上需要與人合作的事，她就做不好，原因是她無法接受別人的意見，更無法接受別人的質疑；即便她本身的能

力不差，但在講求合作的醫療界，她的作風卻使她吃了大虧，大大限制了她的發展與前途。

這幾年我漸漸體悟到一個功課——長大，是一種學習妥協的過程！

每一個人都會「變老」，但不是每一個人都會「長大」，關鍵就在有否學會「妥協」的功課！我這裡所稱的「妥協」不是要放棄應有的原則或信仰，而是要學習脫去您我那份與生俱來的任性。

人，要懂得「跟自己妥協」！就像上述的 A 君，如果您我的人格特質、客觀條件，明明就不適合實踐某份夢想，就要學會妥協。妥協並不是消極地放棄，妥協和積極也絕不是衝突的。人生本來就不會事事如己願，當事與願違時，不妨轉換夢想，靜下心來分析自己的特質，用開心、上進心情去走一條適合自己的路，肯定更能綻放出加乘的光茫，反而更有機會成為傑出的翹楚。否則若一再陷在自怨與遺憾的情緒裡，將來再做什麼都不會有所成。

人，也要懂得「跟別人妥協」！如同上述的 B 君，自幼就被細心培養，但卻不懂得跟別人妥協，在意見討論上無法讓步；一個無法讓步的人，也將註定是一個不會進步的人。這是為什麼許多人小時了了，但後來的成

信心是「支點」，撐起不凡的人生成就

就，卻無法成等比發展，關鍵在於團隊能力。

長大，是一種學習妥協的過程！人，要懂得跟自己妥協，也要懂得跟別人妥協。妥協，是人格成熟的標記！它的反義詞是僵化、自我中心。人在成長的過程中，若學不會妥協的功課，也就算不上長大、成熟。

人一定會「變老」，但不一定會「長大」，前者是指生理年齡，後者則是指心智年齡。期盼您我都能有成熟的心智年齡，讓自己活得更精彩。與諸位共勉之。

 【名人的悄悄話】

就風格而言，要隨著潮流走；就原則而言，就
要像岩石般的不移。

～傑弗遜　美國第三任總統

你怎麼面對那些「巨人」們？

在這世界上，有一種很常見的現象：當您接了某一個位置時，坐這個位置的前人相當優秀，以至大家會常拿您去跟他比較，讓您喘不過氣來；或是您家族裡的某位前輩跟您現在某方面的路線很像，因為血緣上的淵源，大家不免又要把您跟那前人比較一下，總是會有些壓力。

上述那樣的例子並不少見，有時也難以避免，這時，您怎麼面對那些前面的「巨人」們？您有兩種選擇：活在巨人的陰影底下，或是站在巨人的肩膀上。

陳先生是一位醫師，他調到某地區去接任該地區一家醫院的院長。在他前一任的郝院長曾是他過去的老

師，是一位風評非常好的院長；在郝院長任內，該醫院不斷擴建，床數不斷增加，成為該地區的指標醫院之一，甚至還在其他地方開了幾處分院。而郝院長本身的學術研究、社會關懷也做得很有口碑，在他退休前，他還積極地為醫院留下了嶄新的硬體設備，期待能讓繼任者更無後顧之憂。

然而，或許是郝院長過去太獲好評了，從陳院長一上任開始，就有許多人拿郝院長來跟他比較，甚至許多員工會急切地對他說：「過去郝院長都怎樣做，所以你應該也要如何做啊！」講得新任的陳院長好不開心，心裡開始嘀咕：「為什麼老是要拿前一任來跟我比？我難道不是值得大家尊重的現任院長嗎？」這位陳院長開始變得很不喜歡聽別人在他面前提到郝院長過去的種種，那會讓他覺得很刺耳。一直到陳院長離職前，他都感覺自己總是「活在郝院長的陰影下」，很鬱悶，也很施展不開，表現自然也就差強人意。

後來，另一位王醫師去接任了那一家醫院的院長，大家還是只記得郝院長的好，不斷地像對待陳院長那般地訴說郝院長的原則與待人方式。不過這位新上任的王院長不同於之前負氣離開的陳院長，他用另一種態度去面對來自眾人的壓力與期待。他開始去思想：「為什麼

過去那位郝院長明明已退休這麼久了，還能讓這麼多人懷念？他的優點在哪裡？為什麼他當年沒有能再做到更好？有什麼東西是他沒有掌握住的？我可以如何吸取他的哪些經驗，來跟我個人的人格特質與條件相結合？」這樣的分析，帶給了新上任的王院長很大的幫助！他不避諱眾人在他面前提起過去郝院長的好，他選擇虛心吸取前人的經驗，「站在郝院長的肩膀上」，讓自己到達一個更高的層次，使得他在該醫院的作為成了另一段佳話。

在上述故事中，同樣是面對郝院長所留下的風範與名望，但陳院長與王院長兩人處之的心胸、方式卻截然不同，使得兩人之後的發展也就大不一樣。值得我們深思借鏡之。

在我們的生命當中，都會遇到一些「巨人」！他可能是您家庭裡的某個前輩，也可能是跟您作了同一個職位的前輩，他們可能留下了相當好的見證與名望。許多人深怕大家看到、憶起過去那些巨人的優秀，不希望眾人在自己面前再提到那些巨人，巴不得大家能「忘」了那些巨人曾經存在過，以免大家會拿自己跟那些巨人相比較。然而，這麼做反而讓自己的內心，一輩子「活在巨人的陰影下」。何妨換個角度，去正視那些巨人的

信心是「支點」，撐起不凡的人生成就

好、虛心學習那些巨人的經驗與優點，讓自己「站在巨人的肩膀上」呢？親愛的朋友，您怎麼面對那些曾經聳立的「巨人」們？是消極地活在巨人的陰影下？還是積極、正向地站在巨人的肩膀上？您面對巨人的態度，將決定您此生的高度。

【名人的悄悄話】

每個人都有偉大的機會，但是許多人遇到了機會並不知道。

～杜寧

上帝造人，不是用影印機

曾有一位非常有名的猶太賢者，名叫蘇士沙。在他晚年的時候，有人問他對於他自己這一生的看法，他回答：「雖然我不敢說自己有多了不起，但如果有一天我上了天堂，我可以很坦然地面對上帝。」旁人追問他原因。他接著回答說：「因為上帝絕不會問我說：『你為什麼不是亞伯拉罕？你為什麼沒有成為摩西？』也不會問我：『你為什麼不是大衛王？』祂只會問我：『你有沒有成為蘇士沙？你有沒有善用我所賜給你的一切，扮演好蘇士沙的角色？』」

我很喜歡蘇士沙的這個觀念，簡而言之：任何人只要扮演好上帝要我們扮演的角色，則在上帝的眼中都是

很寶貴的！

　　您知道嗎？上帝造人是很慎重、用心的，祂絕不是站在雲端上，拿一個範本，然後放入一台影印機裡，隨手按下一個「影印」鍵，然後影印機就開始「噠……噠……噠……」地慢慢量產出一個個您、我、他……來。不是！絕對不是這樣！

　　上帝造人，絕不是用影印機！祂是何等有創意的大師，以至祂所造出的每一個人，都是不一樣的，每一個人，都有不一樣的被創造價值。許多人雖知道，但卻看不透這一點，為自己或旁人帶來了許多困擾。

　　舉例來說，我們常喜歡「用別人的成就來要求自己」！當我們看到別人有某些我們所沒有的恩賜、才幹、成就時，我們不服氣，進而生出了嫉妒與怒氣。我們喜歡拿別人來跟自己比較，常想要去模仿別人卻模仿不來，所以我們不快樂。

　　我們也常喜歡「用自己的經驗來要求別人」！我們常會說：「這件事這麼簡單，我可以，為什麼你不可以呢？」君不見許多父母用自己的標準來要求自己的子女，殊不知自己和孩子是截然不同的兩個個體；許多人也會以自己在某方面的成功經驗，來強加在別人身上，強迫別人要「如法炮製」自己過去的行為模式，認為

「上天帶領我這樣做，而我也受益了，所以你們也要學著我一起這樣做！」也許動機是善的，但殊不知，上帝對不同的個體可能會有不同的帶領；同樣的模式，運用在不同的個體上，恐怕會有完全相反的結果。

上帝造人，並不是用影印機！每一個人都是獨一無二的個體，我們不需要用別人的成就來要求自己，這只會讓自己活得更鬱悶；我們也不需要用自己的成功經驗來強加在別人身上，那若弄不好將會適得其反。

這是一個喜歡比較、爭競的時代，許多人對於自己或所在乎的人的表現，或多或少都有些遺憾；但若套用蘇士沙的話：當我們上了天堂以後，上帝絕不會問我們任何一個人說：「你為什麼沒有成為某位名人？你為什麼不是某某某？」祂只會問：「你有沒有作好你自己？你有沒有善用我所賜給你的一切，扮演好你自己的角色？」

每一個人，都有屬於自己的角色！只要扮演好上帝要我們扮演的角色，在祂眼中都是尊貴的寶貝。

【名人的悄悄話】

　　教育不是在複製第一，而是在尋找每人心中的唯一。

～佚名

信仰
是最好的**金湯匙**

PART 3

喜樂是「匙杓」，
盛滿**正向的心情**

掌握人生的金湯匙，
喜樂是「匙杓」，盛滿正向的心情。
本章與您分享「煩惱的分母」、
「幽默，是維他命」、
「挑水的功夫」、
「不是修養好，只是轉得快」等
十餘個人生黃金準則。

煩惱的分母

每一個人，都渴望無憂無慮；然而，這個世界上不可能沒有煩惱。我是精神科的治療師，我常喜歡與人分享一個公式：

$$憂鬱指數 = \frac{煩惱}{信心}$$

人的憂鬱指數，是其煩惱除以信心所得出的值。換言之，在我的專業認知中，信心，是「煩惱的分母」！也許我們每個人的煩惱都不一樣，但我們都常必須去面對各種或大或小的壓力源；無論我們所面臨的煩惱是什麼，若我們的信心夠大，若「煩惱的分母」夠大，則一除起來，我們的憂鬱指數便將頓時化小！

說到煩惱的分母，我很喜歡比較兩個詩人，一個

是以色列帝國的傑出領袖大衛王，一個是南唐的李後主——李煜。這兩個人有很多的共同點，他們都是多產作家，他們都是一國之君，他們也都曾在戰爭中留下詩詞作品；然而，他們在面臨類似壓力源時所留下的作品，雖都顯露著無奈與哀傷，但最後所流露出的整體感卻大不相同。

李煜的作品〈虞美人〉寫道：「春花秋月何時了，往事知多少？小樓昨夜又東風，故國不堪回首月明中。……問君能有許多愁？恰似一江春水向東流。」類似的情境下，大衛在遭逢背叛，幾近亡國時也寫過一首詩，開頭亦寫著：「我的敵人何其加增；有許多人起來攻擊我。有許多人議論我說：他得不著神的幫助。」看起來與李煜一樣，都是一個「愁」字！但大衛在同一首詩中接下來便繼續寫著：「但你——耶和華是我四圍的盾牌，是我的榮耀，又是叫我抬起頭來的。」

在心理學上，一個人的詩詞、散文作品，可以投射出一個人的內心光景，李煜與大衛都面臨類似的壓力源，但大衛王卻明顯較有盼望。我敢保證，如果我們有時光機，去給李煜與大衛各填一份「憂鬱量表」，那麼李煜的憂鬱指數絕對比大衛高出許多。為什麼？關鍵在於大衛王有「信心」！他的許多詩詞中均不斷透露著：

他相信上天凡事必有美好的安排，相信上天必不苦待人，相信無論環境如何，上天必會保護他。

我是精神科治療師，也是基督徒，在職場上，有許多人問我：「信了耶穌以後，是不是就可以無憂無慮、一帆風順？」也許有人會這樣拍胸脯保證，但我不以為然。我認為：信仰最可貴的地方，不是會為我們移除一切的煩惱源，而是可以為我們加大「煩惱的分母」，可以操練我們信心的大小，進而讓我們把憂慮化小、凡事樂觀以對。

過去在面對壓力源時，我的禱告總會是：「主啊！求祢為我解決那件事！」但這幾年，我除了上述這樣禱告之外，我慢慢開始轉而祈求：「主啊！求祢賜給我更大的信心！讓我有勇氣去面對那件事。」我開始學習求主來加大我的信心。我不是說前者那般的禱告不好，但在我個人的經驗裡，後者更能讓我獲得平安、喜樂，甚至能讓我在整個事件中，經歷到意外的驚喜與感動。

在我個人的經驗裡——信心，是「煩惱的分母」！讓我們一起學習去加大那「煩惱的分母」，把煩惱給越化越小！與諸位共勉之。

信仰
是最好的**金湯匙**

【名人的悄悄話】

將找尋快樂的方法教導世界上的人，這世界將
更美滿、更光明。

～普立茲

喜樂是「匙杓」，盛滿正向的心情

為自己「減刑」

L 先生是某公司的資深負責人。幾年前,他的一位朋友得罪了他,兩人鬧得不可開交,甚至勢同水火。

有好幾次,L 先生只要聽到有那人在的場合,他就會幾近歇斯底里地杯葛,擺明了只要有他,自己就絕不出席。失態的舉止未傷到對方,反而先讓自己的形像大大受損!

近幾年,L 先生只要一提到那個人,整個臉色就會變得難看不已,甚至情緒激動,滿口犀利的言詞。

我相信,L 先生絕對可以講出一百個對方對不起自己的地方;然而,整件事件中最痛苦、受害的,卻可能會是 L 先生自己。情緒,很容易箝制人。

記得我第一次考研究所時,一開始放榜的結果甚不

理想，我也是整個人憂愁不已。雖未開口，但彷彿頭上頂了片烏雲，臉上寫了「哀怨」兩個字。我父親是牧師，他看了很不捨，過來給我一個擁抱，說：「看你這樣我很不捨，你一定要懂得『釋放』自己，不要被壞情緒給困住。」這句話讓我至今仍印象深刻，特別是他用的形容詞——「釋放」這兩個字。

可不是嗎？當一個人被仇恨、憤怒、憂愁、怨懟等壞情緒困住時，是多麼地不自由啊？沒有辦法快樂地吃，沒有辦法快樂地談天，沒有辦法快樂地做自己想做的事。當一個人被壞情緒困住，甚至長達數年以上時，猶如心被「收押」了一樣，不知何年何月才能得釋放。

身為精神科治療師，我很認同我那牧師老爸過去常提到的一段《聖經》經文：「主的靈在哪裡，那裡就得以自由。」（林後三 17）人類實在渺小，常沒有辦法靠自己的力量去戰勝仇恨、怨懟。這種感覺真比「坐牢」更難過，唯有倚靠信仰的力量，才能讓糾葛的心得以解脫、自由。

親愛的朋友，您的心也在「坐牢」嗎？您是否因無法對某人釋懷，而讓自己過得痛苦不已，沒有辦法自由地笑、自由地愛？

您還對某人無法釋懷嗎？為自己「減刑」吧！不要

再用別人的過錯來懲罰自己，一再讓自己被拘禁在壞情緒之中。

【名人的悄悄話】

光明和愉快，是兩件最珍貴的東西。

～斯威夫特

幽默，是維他命

甲先生是個急性子，這天，他開車載著好友乙先生一起去辦些事，急性子的他，看到前方的綠燈即將轉黃、紅，便加足馬力準備衝過去，但還是來不及！急性子的他「唉哎呀」地叫了一聲，有些不耐地說了一句：「真是的，沒來得及趕過去，就差一秒。」甲先生的埋怨，讓車內的氣壓頓時低了起來。

這時，坐在副座的乙先生忽然對甲伸出手，說：「恭喜呀！」甲先生還二丈金剛摸不著頭緒呢！乙先生繼續幽默地說道：「恭喜，等一下綠燈時，您將成為第一位開車衝過去的駕駛人。」甲生生聽了不由得會心一笑，空氣中的張力也頓時散去不少。

西方的醫學教育大師歐斯勒（William Osler）曾將「幽默」（humor）定為良醫的三大重要人格特質之一，

而在《聖經》裡更收錄有「喜樂的心乃是良藥」這句著名諺語。幽默，真的這麼重要嗎？

我喜歡這樣形容：幽默，就像是心靈的「維他命」！怎麼說呢？說真的，它嚴格講來也稱不上是什麼仙丹妙藥，沒有了它，人絕對不會活不下去，人還是可以繼續活得好端端的；有了它，也治不了什麼大病，您我該面對的難題、惱人的大環境，還是依舊不會有任何改變。然而，有了它，卻可以讓我們更有氣力與精神，去面對我們生活中的難題與環境。幽默，是人心的維他命，特別是在這個壓力極大的工商社會，憂鬱症已被世界衛生組織列為二十一世紀三大主要疾病的當下，每天起床面對這個世界，我們實在需要多一點的幽默感。

然而，許多人想嘗試讓自己變得很幽默，卻總是弄巧成拙，一不小心還開罪了別人，讓氣氛變得更緊張。事實上，真正高明的幽默，是懂得「挪揄自己卻不失尊嚴，恭維別人但不帶奉承」。能掌握這個原則，將會是高水準的風趣談吐，為自己與別人在難題、困境中帶來輕鬆的片刻。

幽默，是維他命！值得我們人人每天服用一錠。適時地幽自己一默、幽別人一默，甚至是用一種幽默的態度去詮釋已無法改變的大環境。用這樣的心態來面對這

個世界，將會讓我們的心靈更健康、更喜樂，更有力量面對挑戰。

幽默，是心靈的維他命，歡迎大家每天服用之。

【名人的悄悄話】

沒有歡笑的地方就沒有成功。

～安德魯・卡內基（美國鋼鐵大王）

挑水的功夫

我偶爾會在電視上看到一些以民國初年為時代背景的香港功夫老電影，這些香港老電影常會出現以下類似的情節：

一個年輕人去跟一個功夫了得的老師傅習武，老師傅卻什麼也不教！每天像惡整他似的！要他去挑水，還設計出許多有點滑稽的高難度挑水動作要他做。

劇中，年輕人常氣得在心裡大罵：「我是來找你學功夫的！你卻什麼功夫也不教，只讓我一天到晚為你挑水！自己翹個二郎腿在旁邊看，天下豈有這麼差勁的師父？」

後來，他才知道，老師傅要他先去做這些看似毫無意義的挑水工作，是要先訓練他的耐力、肌力等，讓他先打好底子，在將來真要習功時可以立時得心應手。電

影的末了，年輕人果然大有所成。這類莞爾的功夫片在當年似乎頗受歡迎，是以一拍就拍了好幾部。

想一想，我們的造物主似乎也很像劇中的那位「老師傅」。明明要用一個人，一開始卻只是讓他去練一些「挑水的功夫」，乍看彷彿與之後的任務毫無關係。但其實不然，這些操練，可以使我們承擔更大的使命。

前一陣子非常有趣，台灣的「橄欖出版社」以及「中國主日學協會」同時找上我，各要我為他們的一本翻譯書寫序。很巧！這兩家出版社當時所要出的新書，雖然作者不同、角度不同，但都是在探討同一個人——舊約《聖經》中的埃及宰相約瑟，一個我從小熟知的歷史人物。或許這也是上天的旨意，祂刻意藉此要我多花時間去省思這個人的生平。而因著閱讀這兩本書，真讓我這個撰序者本身獲益不少。

舊約《聖經》中的約瑟是個怎麼樣的人呢？約瑟如果活在二十一世紀，年輕時的他，恐怕不會太討喜。他可說是個典型的「驕驕子」，甚得父愛，而在兄長們負責工作時，他可能還會不時地去向父親打小報告，告訴父親，兄長裡有哪些人在偷懶。某天，他作了一個夢，預表有一天，父兄皆會向他下拜，而他竟也就這麼講出來了，並未想到別人聽了會不會不高興。套用一句台

語：約瑟的兄長們一定覺得他這年輕小伙子很「白目」，不會做人，不會看人臉色說話。這樣一個人，雖有長輩緣，但很難想像未來能成什麼大器。

然而，上帝卻要用這樣一個人！要用他擔任當時世界最強帝國埃及的宰相。而上帝用他的方式，並不是繼續讓他養尊處優，或者讓他安逸地去唸個 EMBA 之類的；上帝要栽培他，但卻給了他許多不合理的遭遇，讓他被出賣、被關監牢、被誣賴、被遺忘。這些過程真的就像港劇功夫片中的劇情——「老師傅」明明要栽培他，卻總要他去做這些看似毫無意義的挑水工作。但這些過程確實鍛鍊了他的心志，使他更成熟；後來的約瑟，再也不是當年那個驕貴的少爺，而是一個雍容大器的人才。

的確，就像那些老功夫片裡常見的劇情一樣，今天上帝可能也會在您我的生涯中安排一些事，看似毫無意義，甚至有點像在「惡整」我們。然而，其真的用意卻可能是要訓練我們的氣度、挫折忍受度、社交技巧，甚或是要形塑我們某方面的技能、人格，好讓我們的底子打好，將來好為祂做大事。

親愛的朋友，如果現在上帝正要您練一些「挑水的功夫」，我相信當中一定會有祂的美意與遠見。

信仰
是最好的**金湯匙**

衷心期盼二十一世紀，能多出幾位像約瑟那樣的「高手」！

 【名人的悄悄話】

人能夠為小事來感謝，就是一種獲得。

～潘霍華

情緒管理的
「堰塞湖」

近年來，許多社會新聞實在令人震驚！

有的作丈夫的，在某次和妻子的激烈爭吵後，剎那間失去理智，憤而拿起刀子將妻子砍成重傷，最後自己開瓦斯自盡。想一想，她不是他當年的最愛嗎？但因著婚姻過程中的屢次磨擦、爭吵，經年累月下來，所有情緒在該次爭吵中一次爆發。

我們也看過一些文質彬彬的白領階級，平日的形像極好，但卻在某些會議或場合中，猶如變了個人似地對著某人歇斯底里地咆哮！讓一旁的人看得目瞪口呆，完全無法跟平時他那斯文的形像聯想在一起，而他自己事後往往也懊悔不已。

上述的常見例子，都不是一時半刻造成的。

台灣「八八水災」過後，媒體不斷地討論著一個嚴重的水土現象——堰塞湖。乃指許多水量不自然地匯聚在一起，狀況頗不穩定，真擔心哪一天再來一場雨，整座堰塞湖就會潰堤！

身為精神科的治療師，我發現「堰塞湖現象」，在現代人的情緒管理上亦常出現！甚至已造成了許多社會、人際、婚姻的問題。

可不是嗎？華人都很會壓抑自己的情緒，或該說是不知該怎麼抒發自己的情緒。是以，有些人心中累積了許多對某人、對配偶、對家人的怨恨或不滿，沒有得到適切的疏導；經年累月下來，所匯聚的負面情緒，往往在某次的衝突、刺激中一次「潰堤」，失控地做出連自己也無法相信的事。這也可以解釋，為什麼總是會有那麼多令人無法置信的社會新聞事件。

在情緒管理中，我們的心理也常有許多「堰塞湖」，累積了許多不健康的負面情緒，需要被醫治。您常累積、壓抑對某人的怨恨嗎？

《聖經》上有句情緒管理的名言：「不可含怒到日落。」我每天晚上睡覺前，都會盡可能地想想：「今天有沒有誰得罪了我？今天有沒有什麼令我不開心的事？」

喜樂是「匙杓」，盛滿正向的心情

然後把這些人、事放在禱告中，承認自己的心胸狹小，求主給我寬恕的能力。很奇妙，總可以有效地消弭我心中的怨懟。

總之，我「拒絕」帶著對任何人的恨意入睡，而盡可能讓它重新歸零。否則一次、兩次，影響也許不大，但若累積到某一定的量，而一次爆發出來，成為「情緒的土石流」，則對人、對己的傷害都是極大且不必要的。您說是嗎？與您共勉之。

【名人的悄悄話】

生命不僅是生活，乃是健康的享受。

～馬喜爾

房間變大，行李變小

偶爾會去外地旅遊。記得有一回，我和太太連跑幾個外地華人的都市，拿著同一批行李，幾乎是每兩天不到就得換一座城市、換一間旅館；也因此在數天內，下榻了好幾家大大小小不同的旅館。

不知您有沒有這樣的經驗？旅遊時，如果入宿的客房恰巧比較小，頓時就會覺得自己帶的行李十分礙手礙腳，而心裡滴咕著：「為什麼我要帶這麼多行李呢？」因為就是放著，也會常常不小心踢到；如果住到的客房比較大，就不會嫌自己帶的行李太多，因為絕對有地方放！相對於偌大的房間，它們只占了小小的一角，絕不會對行動造成什麼困擾。

喜樂是「匙杓」，盛滿正向的心情

同樣體積的行李，當房間變大時，它們就彷彿變小了，不會造成太多的不便。

想一想，人生不也是會有許多「包袱」嗎？人活在世上，難免會有許多的恩怨、衝突。當我們面臨別人不客氣的批評時，一般人總會覺得那彷彿是不得了的大事；然而，卻也有人卻能夠一笑置之！為什麼？因為他的「心」夠大！那些批評再多，也頂多只能在他的心房裡占一小角落。

的確，如果我們的「心」夠大，有些東西就會相對地「變小」！而如果我們的心胸、格局不夠大，同樣程度的包袱，就會對我們造成相對較大的影響。

當房間變大時，行李就變小了！這是我某次旅行中所得到的體悟。在人生的旅途上，但願您我都能有一顆寬廣的心。

【名人的悄悄話】

快樂不是幸運的結果，它往往是一種德行，一種英勇的德行。

～英國發明家　史帝文生

不是「**修養好**」，
只是「**轉得快**」

　　我一直很喜歡一個猶太民間的傳說故事，說到某日有位無神論者去拜訪亞伯拉罕，在他面前不屑地批評上帝根本不存在，並表現出非常鄙視的態度。亞伯拉罕生氣極了，立時把他給轟了出門。那天禱告時，亞伯拉罕在禱告中向上帝大大吐了一番苦水。忽然間，上帝開口說話了！祂風趣地對亞伯拉罕說：「亞伯拉罕啊，這個傢伙的言論，我都已經忍受了他三十年了，你今天怎麼連三十分鐘都忍受不了呢？」亞伯拉罕一聽，自慚得滿臉通紅，心中決定不再記恨那個出言不遜的無神論者。

　　這個故事讓我很受用。儒家喜歡講「修養」，強調

的是自身的修為與學養。但我個人實在很難達到儒家所談的境界，反而有時當我在生活中碰到一些令我抓狂的人時，就會想到上述這個故事，便在心裡告訴自己：「如果上帝都已忍受你這傢伙幾十年了，我今天就姑且忍你個幾十分鐘，又何妨呢？」如此想來，就能夠轉而用一種更開闊的心去面對對方，也讓自己活得更怡然。

我喜歡這樣形容：一個基督徒的喜樂與平靜並不是來自於「修養好」，乃是因為「轉得快」。這樣的例子不勝枚舉。

舉例來說，當我們心中對某個得罪我們的人耿耿於懷時，如果我們能轉念思想到「其實我們也常得罪上帝」，我們自然就能夠用更寬廣的心去看待對方。

當我們對生活中的某一方面感到失落，心生埋怨時，如果我們能轉念去數算「上帝在其他方面給我們的恩典」，苦毒就會煙消雲散。

當我們因為別人的辱罵或鄙視而感到自卑、難過時，如果我們能轉念想到「我是按著造物主的形像所造的，是祂用重價所贖回的寶貝」，我們就能夠重拾自信。

當我們因為生活中某些事不如我們的意去發展，而感到忿然與不安時，若我們能夠轉念想到「上帝掌管我一生的道路，祂必有更美好的安排」，我們就能夠重展

笑顏。

　　面對那些可惱的人、事，若能轉念想到上帝的慈愛與恩典，則很快就會釋懷。親愛的朋友，面對生活中某些令您不滿的人、事，您能「轉」得過來嗎？

　　基督徒的喜樂並不是來自於「修養好」，乃是因為「轉得快」！當然，每個人轉過來的速度都不一樣，有的人快、有的人慢；有的人轉念過來只需要一下子，有的人需要一陣子，甚至也有的人要花一輩子的時間。而面對令我們不滿的人、事，我們若「轉」得越快，就能越快得享那滿足的喜樂；我們若「轉」得越慢，那麼痛苦的時間就會越久。

　　基督徒的喜樂與平靜，並不是來自於「修養好」，而是因為「轉得快」！面對生活中某些可惱的人、事，您的心念「轉」得夠快嗎？與您共勉之。

　【名人的悄悄話】

　　快樂好像是生命的溫度計，你的快樂多，生命的樂趣就更多。

　　　　　　　　　　　　　～法國作家　福樓拜

男兒有**累**不輕**談**？

有一個莞爾的故事，是講到有一位知名的心理治療師，擅於處理病人們的情緒與壓力問題，所以他的治療時段都被排得滿滿的。有人私下問他：「你要處理那麼多病人的壓力問題，但你本身又這麼忙！你又是如何處理自己的壓力的呢？」這位知名的治療師笑了笑，說：「在我下了班以後，也安排了另一位治療師來為我作諮商、會談。」

這個故事讓我想到聖經中有一段文字，是記載到耶穌差派祂的十二個門徒出去傳福音，還特地吩咐他們要「兩兩一組」。為什麼要兩個一組呢？聖經上沒有明說，但曾聽一位牧師提到，如此一來，在遇到困難與挫折時，兩個人就可以互相扶持、互相禱告、互相傾訴。我覺得這個推論非常合理，沒有人會否認「心靈伙伴」

的重要性。

特別是現代這個文明的社會，人們生活步調快，壓力過大，面臨困難與挫折時，若沒個傾訴的對象，那還真是苦上加苦。然而，隨著各行各業間競爭文化的興起，現代人似乎也變得更重視「顏面」，除了如古人所講的「男兒有淚不輕彈」之外，有的人更是有「累」不輕談！不管再累，再悶，也寧可選擇憋在心裡。

《聖經》建議我們：「你們各人的重擔要互相擔當。」（加六2）「所以你們要……互相代求。」（雅五16）適宜地與人談談您的「累」，絕對不是弱者的行為。但基本上您找人傾訴時，必須注意以下四件事：

● 您傾訴的對象必須懂得「保密」：

有的人會習慣性地把別人私底下對他所談的困擾，在公開場合說出，甚至是指名道姓地說出，來向眾人宣示他的「輔導功力」。這種人絕對不是您傾訴的對象。

● 您傾訴的對象必須懂得「傾聽」：

有的人是您還沒講完就開始否定您、開始說教了。這樣的人絕不是壞人，但也絕不是適合您分享的人。

● 您傾訴的對象必須「夠成熟」：

您傾訴的對象，心智必須夠成熟，不要在您分享了您的困難與軟弱後，竟在無意間對於對方的行為、價值

觀產生負面的影響，那麼就太對不起他了！

● 不要讓吐苦水變成習慣：

不要變成習慣性地逢人就埋怨，畢竟每個人都有每個人的「累」，別人不可能二十四小時都準備好要聽您吐苦水。抒發過後，下一步就該是振作。

現代人與人之間的信任度降低，「有累不輕談」似乎已變成現代人心的文明病。您是個「有累不輕談」的人嗎？誠摯地建議您，如果您心中真的有壓力、無力感……，不妨適時地找個值得信任的屬靈伙伴談一談。談談你的「累」，給情緒一個出口，會讓您從「心」得力！

 【名人的悄悄話】

我們大部分的人都渴望被聆聽，渴望與人溝通。

～桃莉‧普列文

當「屈原」遇上「耶利米」

端午節是華人的重要節慶。每到端午節，大家總會想到粽子、想到「屈原」。屈原生長在春秋戰國時期，是一個歷史評價不錯的忠臣。當時，在地球遙遠的另一端，有個比他早了幾百年出身的人，名叫「耶利米」。這兩個人實在有太多的雷同之處，讓人不得不把他們倆給拿出來相提並論一番：

首先，他們都事奉著不愛聽其言的君主：屈原事奉著楚國的楚懷王，耶利米曾是約雅敬王的臣民，他們的君王都不怎麼聽得進他倆的話。兩人的處境可謂同病相憐。

再者，他們對其君主都很「癡情」：他們的意見都

喜樂是「匙杓」，盛滿正向的心情

得不到君主、人民的重視，但基於對家國的熱愛，他們卻總是一再地大聲疾呼。

其三，他們都有偉大而情緒潰堤的文學作品流傳後世：屈原的《離騷》，耶利米的《耶利米哀歌》，都深深影響後世；前者是重要的中國文學古籍，後者更是被收錄在基督教的《聖經》之中。

筆者就精神科治療師兼業餘作家的角度觀之，以他們倆種種雷同的遭遇，以及他們那諸多相似的寫作風格來分析，我們幾乎可以形容：屈原彷彿是東方的耶利米，而耶利米猶如西方的屈原。如果讓這兩個人跨越時空見了面，彼此聊個天、吐個苦水，想必他們倆大概要一個舉起三角觥杯，一個拿起舊酒皮袋，對乾後長嘯一聲：「你我相見恨晚矣！」

這兩個人雖境遇相同，然而，最終面對人生的態度卻頗不一樣。屈原最後選擇噗咚一聲，跳進汨羅江自盡。而跟屈原有著類似際遇的耶利米呢？我個人認為，他實在也有很充分的理由去投個紅海、跳個約旦河之類的；然而，耶利米雖亦常感憤慨與無力感，卻仍然選擇活下去。為什麼？因為他的信仰！因為他的信仰給了他希望與安慰。

耶利米所處的年代是一個對其邦國極為不利的世

信仰
是最好的**金湯匙**

代，與屈原類似且有過之而無不及；但因著有信仰，耶利米有了信心與盼望，如同他在著作中所傳述的：「疲乏的人，我（上帝）使他飽飫；愁煩的人，我（上帝）使他知足。」（耶卅一25）這樣的信仰與盼望，使得與屈原之境遇、甚至是性格都可能極為相似的耶利米，在地球的另一端，繼續懷著盼望地活下去。

當我們遭遇不順時，當我們的意見與真話一時得不到上位者或大多數群眾的肯定時，您我會選擇成為「屈原」，還是成為「耶利米」？當大環境讓我們失望時，我們會向屈原一樣「從失望轉為絕望」，還是像耶利米一樣「雖失望仍有盼望」？關鍵就在於我們能否擁有耶利米的那份信仰。

端午節，一個華人的重要節日，讓我們一起吃吃粽子、想想屈原，但學習耶利米。

【名人的悄悄話】

不管我留在地上的生命還有多長，都是為主而活。

～隆納德・雷根　美國第四十任總統

把《詩篇》抹在傷口上

我有一個好朋友,曾對我說了一句令我玩味許久的話。他說在他心情低落、面臨壓力時,最喜歡讀的詩句就是《聖經》中那卷名為《詩篇》的禱詞。其實,我相信許多人都有類似的體會。

《詩篇》中的作者不只一位,但許多都是在痛苦中所寫下的詩句、禱詞。在他們寫作時,有的作者正遭逢逼迫,有的作者正面臨背叛,有的作者正經歷傷痛。

這些人,看起來都很可憐,然而他們的經歷並不算特別。時過境遷,在二十一世紀,許多人面臨龐大的社會、經濟壓力時,不也與那些作者們一樣,有著相同的感觸嗎?

我是精神科的治療師，我深深覺得《詩篇》真是神留給世人的美好資產；且隨著知識越發達，更加證明《詩篇》對人的心靈療癒的妙用。例如心理學家亞隆（Yalom）曾提出十一個「療效因子」（Therapeutic Factors），用來說明能使人心療癒的幾個關鍵元素。您相信嗎？這些元素早在千百年前的《詩篇》作者們，就已運用得淋漓盡致了！我可以很輕易地舉出兩個明顯的例子：

　　1. 宣洩（Catharsis）：當人能夠紓發內心感受，或有事物能代其說出內心想法、與其內心感受有所共鳴時，會讓一個人頓時覺得彷彿吐了口氣，舒坦許多。《詩篇》中的許多詩句就有類似的功效，許多字句看似情緒化，但我相信若由一個傷痛者讀來，心理上便會產生類似「宣洩」的療癒效果；因為這些詩句所描述的，正是他們此刻的心境啊！無怪乎常成為許多人傷痛時的依靠。

　　2. 灌輸希望（installation of hope）：人，是需要希望的動物。《詩篇》雖有許多看似負面、哭天喊地的字句，但每篇禱詞到最後，一定會再回到上帝的面前，宣告上帝的大能，讚美上帝的作為與安排！這是何等強大的信心與提醒啊！在臨床上，固然有許多「灌輸希望」

的技巧，但沒有一種比「信仰」來得更有力、更確切。

從臨床的角度來看，我們絕對可以證明《詩篇》的珍貴價值；當然，《詩篇》裡還蘊藏著太多的療癒元素，是醫學、心理學所不能解釋的。但身為一個精神科的治療師兼業餘作家，我不得不佩服《詩篇》作者的文采，以及他們背後的信仰。

每一個人都不是無敵鐵金剛，每一個人的「心」都會受傷。雖然我不知道您所面臨的困難與景況是什麼？但我在此誠摯地建議您：當我們的「心」受傷時，不妨把《詩篇》當成藥膏，輕輕地抹在心的傷口上；每天讀它一篇，相信會讓您我更能夠面臨現代的挑戰與環境。

把《詩篇》抹在傷口上！用信仰來療癒您受傷、受委屈的心。相信會讓您的臉上多出更多的微笑。

【名人的悄悄話】

我覺得全面研讀聖經，是每個人都應該接受的文學教育。我們國家的每一位名人，幾乎對聖經的教導都非常熟悉。

～羅斯福　美國第卅二任總統

信仰
是最好的金湯匙

PART 4

愛心是「**平衡點**」，
家庭、職場**兩得意**

掌握人生的金湯匙，
愛心是「平衡點」，家庭、職場兩得意。
本章與您分享「屋簷下有隻豬」、
「婚姻，是一間有限公司」、
「宅，而不窄」、
「自大多一點」等
十餘個人生黃金準則。

屋簷下有隻豬

我常自嘲：不知我太太嫁給我，會不會後悔？
在她見過我本人以前，她可以說是我的忠實讀者。她會細心收藏我的文章，她對我的瞭解，多半來自眾人的口傳，或是書上的作者簡介；待後來見到我本人，再到交往、結婚，我想，我在她心目中的完美形像就一步步破滅了。

在過去，她可能還有點敬仰我這個當時二十幾歲就回大學專任教職，就寫了約十本書的同儕，覺得我在某些方面實在是年輕有為；但跟我相處久後，就不是這麼回事了。舉例來講，我不太會開瓦斯，有一次身為她男朋友的我，到她住的地方去幫忙開伙，手握著瓦斯轉鈕，心裡好是恐懼，一轉開後便往後跳。結果呢？轉鈕被我往後跳的動作，給整個連根拔起！火沒點開，但瓦

信仰
是最好的**金湯匙**

斯氣一直冒，我看著手上那已被我拉斷的轉鈕，以及不斷冒出的瓦斯氣，嚇得「啊」地一聲大叫！她見狀也嚇得跟我一起「啊」！我在廚房的那副蠢樣，跟我一開始在她心目中的才子形像實在差太多了。我必須說，我很感謝她還「敢」嫁給我；那是愛，也是勇氣！

　　我生活中的蠢事很多，還不止那麼一件。但她久而久之，除了訓練我別再那樣蠢以外，竟慢慢覺得我這個人有也「呆得很可愛」的那一面，覺得滿好笑的。一開始，她完全是被我的「優點」給吸引；但久而久之，她竟也能欣賞、笑看我的「缺點」。

　　每一個人，都一定各有不同的優、缺點。而我喜歡中國字的「家」字。拆字來看，是上面有一個「屋頂」，裡面有一隻「豬」，似乎意味了：被對方的優點所吸引並不稀奇，但如果您也能夠接受您的愛人在屋簷下有那「豬頭豬腦」的一面，那就可以「成家」了。

　　或許華人的老祖先在造「家」字時，並沒有上述的意涵；但我自認上述的那番解釋，還滿貼近現代人的生活的。

　　《聖經》上有句古老名諺：「設筵滿屋，大家相爭，不如有塊乾餅，大家相安。」足見彼此包容，是何等的重要、可貴！親愛的朋友，沒有人會是完人，您能

夠接受您家人豬頭豬腦的那一面嗎？您能夠接受您家
「屋簷下有隻豬」嗎？如果可以，這個「家」字就會寫
得很好，很工整。

　　家，一個小學生都會寫的中國字，卻值得我們一輩
子自省、學習。

【名人的悄悄話】

　　家是世界上唯一隱藏人類缺點與失敗的地方，
它同時也蘊藏著甜蜜的愛。

　　　　　　　　　　　　　　　　　　～蕭伯納

財源「適」進

小王是一個老實的上班族，在公司的人際風評也還算不錯。年輕尚輕的他，跟新婚不久的太太住在一起。這一天，發生了一件不可思議的事！小王買的彩券竟然意外地中了頭獎，得了兩億元！

他們夫婦倆高興極了！小王馬上辭去了公司的工作，整個人每天眉飛色舞，好不得意。過去的他，給人的印象一向總是行事風格內斂、做事正派；但沒有多久，他馬上買了頂級房車，有了錢，會主動獻殷勤的女人自然也就多了，出入的場所也變得複雜，他開始常跟太太發生爭吵，過沒有多久，他們就離婚了。兩億元雖是天價，但在恣意揮霍下，五年的時間，小王就全花完了。

此時的小王，這個曾經一夕暴富的人，財務幾乎又

愛心是「平衡點」，家庭、職場兩得意

回到了原點。然而，五年下來，他卻失去了婚姻，失去了對專業技能的熟悉度；其過去五年來的作風，也讓他失去了原本的好風評。

　　類似這樣暴富的故事，在全世界都不斷上演。上述故事中的小王並不是壞人，在原本職位上的風評也不差，以他的品德，如果今天中的只是一百萬或一千萬，他可能還不會變樣，他可能還把持得住；但今天當他中的是上億元時，他就把持不住了！就開始變了一個人，也才造成了後面的演變。過量的財富，反而毀了他的幸福。

　　世界上沒有一個人可以是「聖人」，每一個人的品格、靈命都不一樣，也都仍有需要再繼續長進的空間。如果一個人得到超過自己品格、靈命所能把持住的過量財富、名氣或利益，則必激起他心中惡的那一面，他的人必將腐化、變質。此時，過量的財、名、利，得來未必是福，反而是禍。

　　這讓我聯想到，耶穌在〈主禱文〉中教導我們要這樣祈求：「我們『日用的飲食』，今日賜給我們。」祂沒有教導我們祈求「堆積如山的飲食，今日賜給我們」，而是要我們每天祈求「日用的飲食」。為什麼？因為只有上帝最知道今時、今日，該給我們每一個人最適合的

「量」。

　　過年時，走在大街小巷，都可以看到貼滿「財源廣進」的春聯，但想一想，財源廣進其實未必是福。在歷史上，許多人財源廣進，但其品格、靈命卻承受不住這麼大的錢財誘惑，最後反而賠上了家庭、健康、人格、友誼。這麼說來，這句祝福語該改一改了，該改成「財源『適』進」才好！可不是嗎？上帝最瞭解我們，祂深知我們每一個人今時今日的品格、靈命光景，能駕馭得住多少份量的財、名、利。

　　過量的財、名、利，反而容易使一個好人變質。「財源適進」，其實是一種遠比「財源廣進」還更吉祥、更有智慧的祈福語！而這也是上帝對人們更大的賜福與保護。

【名人的悄悄話】

金錢帶來的快樂有其極限，超過了某一點之後，它只是帳面的數字而已，並不能帶來更多的快樂。

～尼爾賽門

婚姻，
人生的期中考

曾經有一位我非常喜愛的作家，她的性格十分開朗，其婚前的作品相當勵志，相當積極，文如其人一樣地開朗；後來，他一時衝動地閃電結婚！然而，事後才發現對方跟自己所想的不一樣。那是一場極不幸福的婚姻，帶來了很大的創傷；幾年後，那位作家又出書了。然而，處在一個不幸福的婚姻中，當年的那個陽光作家已不復見，寫出來的詩句全流露著無奈、悲情、負面。這樣苦毒的生命，當然不會讓人羨慕，銷量自然也就大跌，後來更幾乎完全失去了原先的影響力。一樁失敗的婚姻，幾乎毀了這個作家的筆。

　　我認識一些離過婚的朋友，事隔多年之後，有的人

自責地反省當年自己的不成熟；也有的人仍舊一股腦兒地把過錯全推到當初另一半的身上。共同的是，他們往後都因著婚姻的失敗，而多付出了不少代價、多吃了不少苦頭。

曾有婚姻專家告誡大家：「婚姻失敗，一輩子就完了。」說真的，我倒不覺得有這麼恐怖。但這讓我想起，也有人形容人生像一所大學。若是這樣，我倒是有另一個比喻：婚姻，像人生的「期中考」！

怎麼說呢？如果您回憶一下在大學裡唸書的情形，或是去請問一位大學生：「如果期中考某科考壞了，那一科就穩『當』了嗎？」不一定！絕對不一定！然而，一個學生如果「期中考」不及格，或者考得很糟糕，而又期待這一科能順利過關，那麼那個學生就必須在期中之後的作業、報告、期末考，都要比那些期中考時考高分的同學們來得更努力、更謹慎，否則相對而言，這一科便很難交出好看的成績。

婚姻，就像人生的「期中考」。婚姻失敗了，一輩子就註定完了嗎？不見得。但若想要有較圓滿的人生，則往後勢必要付出更多的汗水與淚水去彌補；相反的，如果「期中考」考得好，如果婚姻幸福，只要後半輩子在職場上的表現別太誇張，則這一生整體而言總會是相

愛心是「平衡點」，家庭、職場兩得意

對愜意、穩妥、美滿的。社會上有太多、太多的實例，可以證實我上述的這個比喻。

　　一個人的期中考若失敗，足以讓一個人的後半輩子必須多付出極大的代價。婚姻不是兒戲，除了浪漫以外，還需要用心、負責。如果您還沒有結婚，請慎選您的伴侶；如果您已結了婚，更請用心去好好經營。

　　婚姻，是人生的期中考！讓我們各自考好自己人生的期中考，給自己一個相對穩妥的人生下半場。

【名人的悄悄話】

人無國王、庶民之分，只要家有和平，便是最幸福的人。

〜歌德

信仰
是最好的**金湯匙**

婚姻，是一間有限公司

　　曾經有許多作家對「婚姻」，發表他們的比喻式論點，有人形容「婚姻是戀愛的墳墓」，也有人形容「婚姻像鳥籠，外面的鳥拚命想進去，裡面的鳥拚命想出來」。而如果您要問我對婚姻的詮釋，我會形容：婚姻，是一間有限公司。

　　為何我會形容「婚姻是一間有限公司」？因為說真的，我覺得它還真是像極了！

　　首先，它需要有好的「合夥人」：

　　如果您找的合夥人有問題，或是彼此理念不合，那麼必定會對公司往後的運作造成不良影響。婚姻不也是如此嗎？所不同的是：公司的合夥人可以換，但婚姻的

合夥人是不能換的,因為換了就是倒閉了!而且往往一個人此生就只能選擇一個合夥人,故實在值得慎選之。

其次,它需要好好去「經營」:

天底下沒有哪一間公司是註定會永遠興隆、昌盛的,除非您好好地經營;否則,今天哪怕是首富的家族企業,即便曾經風光一時,但如果後來沒有好好用心經營,也會逐漸走下坡。婚姻也是一樣,如果沒有用心經營,即便是曾經再甜蜜的情侶,也會好景不再。經營其實不外乎「付出」,要懂得改變自己,要懂得討對方喜悅。若好好經營,亦將可以挽回任何的頹勢。

找到好的合夥人,並用心去經營,以上這兩個條件若皆具備,婚姻必然甜蜜美滿;若只具備一個,通常也能維持;但若兩個條件都不具備,則這樣的婚姻,恐怕就容易關門大吉。許多名人寫回憶錄時,都會由衷地感謝自己的另一半,並將自己的成功因素歸功於婚姻的美滿。很顯然地,經營一樁好的婚姻,可以讓一個人的人生大大的「獲利」,可以為一個人帶來許多心靈上、實質上的益處!婚姻,是一間有限公司!您是否認為我對婚姻的這個比喻,遠比前人的「墳墓」或「鳥籠」要來得貼切、正向,且有意義許多?

婚姻,是一間有限公司,上帝樂見我們每一個人經

營得當、從中獲益；而它要開張很容易，但要營運得好
卻需要付出。願已進入婚姻的人，都能從婚姻中深深獲
益。敬與大家共勉之。

 【名人的悄悄話】

建立在美貌基礎上的愛情，會與美貌一樣很快
消失。

～多恩

愛心是「平衡點」，家庭、職場兩得意

不惹別人的**氣**

有一句很有名且略具爭議性的西方格言說道:「不要惹子女的氣。」這句話出自《聖經》,已有幾千年的歷史了,然而它不但從未過時,甚至放在二十一世紀的今天,還是很時尚、很有用;但若是由華人社會的儒家思想觀之,這句話實在是太前衛了!在傳統的東方思維裡,從來只有教導子女不要惹父母的氣,怎麼竟會去叫父母不要惹子女的氣?

其實,極少有父母會故意講話去惹子女生氣。誰不希望家裡和和樂樂的呢?那麼何謂「惹子女的氣」?聽起來好像很嚴重?也許每一個人對這句格言的理解與詮釋都不一樣,但我有一個詮釋:如果今天一件事講兩遍,您的子女就可以接受了,但您硬是要講它個十遍,那麼後面多出來的那八遍,一直講到最後,就會變成是

在「惹子女的氣」。

　　也許有人不見得喜歡我上述的詮釋，但這就像是醫學上的用藥一樣，再好的藥，過量了也只能產生副作用；再有道理、再好的話，講太多了也只會惹人反感。這不是「談話內容」有沒有道理的問題——而是「人性」的問題，明明聽兩遍就聽進去了，但當聽到十遍時，沒有人會開心。這或許不是一個好現象，但卻是一個客觀且存在的事實。

　　其實，又何止是「不要惹子女的氣」呢？我們也可以將之類推：不要惹丈夫的氣、不要惹妻子的氣、不要惹親友的氣……。

　　當我們看到自己所在乎的人在某方面表現不好時，會特別氣急。為什麼？正是因為在乎！而也因為「在乎」所導致的格外氣急，有時常會讓我們忍不住要多講幾句，方能舒緩心中的焦急。然而，《聖經》卻也叮嚀我們：「愛是凡事忍耐。」畢竟講太多了未必好，反而不知不覺地破壞了與至親的關係。

　　我還是喜歡這樣比方：如果今天一件事，您講兩遍，對方就已經可以接受了，但您硬是要講它個十遍，那麼後面所多出來的那八遍，一直講到最後，就會變成是在「惹對方的氣」。想一想，您我講起話來會是那種

常「惹別人的氣」的人嗎？有的人或許很難接受我將所謂的「後面多出來的那八遍」，形容為是在「惹別人的氣」，然而這的確是事實。也許您的出發點是良善的，講的內容也沒有不對，但是講多了就會惹人反感，甚至適得其反。

不要惹別人的氣，這不是刻板的教條，而是一種生活藝術，一種幾千年下來亦不曾過時的生活智慧。

 【名人的悄悄話】

風雅的人是真正的生活之王。

～托爾斯泰

家庭，人生的後台

古今中外有許多的詞句，既發人省思，又讓人拍案叫絕。《聖經》裡有句名言：「我們成了一台戲，給世人和天使觀看。」也有人形容：「事業，是人生的舞台。」兩者間有異曲同工之妙。我相信無論是誰，每個人都希望能在台上成功地詮釋好自己的角色。

我常喜歡和人分享，如果人生如戲，那麼當我們粉末登場的同時，「家庭」就是您我人生這齣戲的「後台」了！

人生如戲，但人們不可能永遠保持著光鮮亮麗，因為人非聖賢，人總會有低潮、難過、挫折的時候，這時，家庭就很重要了。怎麼說呢？

● 美滿的家庭，允許、安慰您我的不完美：

我們想像一下，如果一個鋼琴家在台上失態地彈錯

了好幾個音，或是一個演員在舞台上背錯了台詞，他該怎麼辦？不太可能會有人選擇在「舞台」上號啕大哭，一定會回到「後台」後才落淚。這時，後台有沒有人能安慰他的情緒，讓他能擦乾眼淚，再次站出來面對挑戰，將是他接下來的演出能否成功的關鍵！舞台上的表現難免有失誤，一個溫暖的後台，是亮麗演出所不可或缺的因素。家庭的功能，就是成為溫暖的後台。

● 美滿的家庭，是我們良好的「提醒」：

一個人要上台前，在後台一定得有人先幫他看看：領結歪了嗎？釦子扣錯了嗎？東西拿錯了嗎？褲子拉鍊拉了沒？如果沒人提醒，等到出場時才被觀眾看笑話，那就不好了。

曾認識一個團體的領導人，作風讓許多團體成員私下頻頻搖頭。許多人當面向他建言，然而愛面子的他，面對來自眾人的建議，覺得極為尷尬、下不了台。他聽也不是，不聽也不是，而他的種種問題也就這麼繼續曝露在大家面前。一位長輩憂心地如是說：「他的問題若由外人來講，場面就尷尬了！該由他的家人私下去跟他講啊！」可不是嗎？人生如戲，「後台」的功用就該是這樣！不要讓一個演出者等到上台了才鬧出笑話，才發現領結是歪的，或褲子拉鍊沒拉上。

如果把事業比喻作人生的「舞台」，那麼家庭就是人生的「後台」。我們需要有一個地方，當我們遭遇挫折時可以得著安慰，整理情緒、重拾力量再出場；也需要有一個地方，能有人幫我們注意我們出場的儀容。

　　人在職場上，常常會被挑剔要有完美的表現，但是「家庭」通常不會這樣要求我們。一個健康的家庭，允許我們的不完美，安慰我們、甚至幫助我們，讓我們再次出場時能有更好的表現。

　　如果您已經成家了，請用心經營您的「後台」，讓它成為您的幫助，這將是您人生成功的重要前提；而如果您還沒有成家，請慎選您未來的後台人員，讓您未來的家庭能成為您生命中的祝福。

 【名人的悄悄話】

有辦法把家庭治理好的人，一旦國家有難，也必能成為有作為的人。

～索福克勒斯

愛心是「平衡點」，家庭、職場兩得意

成為子女的榜樣

有一種現象,非常值得深思。

Y 君是一個中年基督徒男子,本性善良而隨和,待人和氣,做事也溫和,沒什麼太大的企圖心,在自己的工作上得過且過。當然,這樣的性格,在不進則退的二十一世紀,自然不容易有成就。對照某些人的上進與作為所得來的收穫,Y 君對於自己在工作上十幾年來幾乎只在原地踏步,當然也很難過與自卑,然而這就是他的性格。溫吞而隨和,不積極進取,是優點,卻也成了缺點。要他改?改變,是何等困難的事呀!

Y 君開始到教會裡向人傾訴自己的狀況,牧者與會友們便開導他:「事業並不是最重要的。」「心情不好,禱告就可以了。」是以,Y 君並沒有改變自己在職場上的溫吞、消極態度;而教會人士的建議,確實也讓他心

情好多了。Y 君看待事業的心路歷程，也成了教會裡某些人口中的「好見證」。

Y 君有個兒子，人說有其父必有其子。其子的優、缺點跟他一模一樣，從小也跟著 Y 君一起上教會。Y 君的兒子功課並不好，但他卻一點都不著急，面對自己不好的成績，不但沒有很認真唸書，還搬出了一套說詞：「成績不是最重要的。」「成績不好，我也很難過，但禱告可以讓我心情變好。」Y 君的兒子完全沒有打算改變自己面對成績的懶散態度；面對未來，也是得過且過，思維空洞。

這下子可把 Y 君給急惱了！做人怎麼可以這麼不積極呢？Y 君在教會裡請同一群人為其子禱告，求上帝給他兒子一顆積極、用功的心。大家聽 Y 君講他兒子的問題之後，也都捏一把冷汗，認為他兒子是需要被輔導的「問題少年」。

其實，這是很諷刺的對比。Y 君的兒子面對功課的態度，跟 Y 君面對事業的態度，是一模一樣的！Y 君的兒子面對功課的散漫態度，被解讀為「不知用功的問題少年」；然而，Y 君面對事業的散漫態度，卻被同一群人給歸類為「對事業看得開的好見證」。

上述類似的例子其實並不少見。當然，這其中有太

愛心是「平衡點」，家庭、職場兩得意

多可以被探討的教牧議題，並非本文所要探討的，但其中有一個不爭的事實——「家庭，是人格的培養皿」。一個人的人格特質、行事作風，深受原生家庭的影響。

在團體心理治療的「療效因子」（Therapeutic Factor）當中，即有一個療效因子名為「原生家庭的矯正性重視」（The corrective recapitulation of the primary family group），足見家庭對一個人性格的影響是何等之大！小孩子人生心目中的第一個英雄，不會是什麼超人、蝙蝠俠之類的，小孩子還看不懂那些；小孩子人生心目中的第一個英雄，絕對是自己的父、母親！這樣的印象，深烙在每一個孩子的潛意識裡。是以，孩子永遠都會在不知不覺中，模仿自己的父、母親。

回到上述「Y君」的例子。想一想，有時您所最擔憂孩子的某些作風，會不會是源自於對您某些性格的模仿？如果您覺得無傷大雅，那麼其實也就無妨；但如果您覺得實在不可取，那麼您得要先改變自己讓孩子看！孩子若看到自己「潛意識裡的第一個英雄」有所改變，也很可能會帶給他改變的動力。

父母，是子女的榜樣！再多的勵志專家，再好的青年典範，其影響力可能遠比不上父母的「身教」。成為子女的榜樣！切記「Y君」的例子，如果您孩子的某些

風格源自於您，那麼在您要求他改變之前，請先讓他看到您的改變。

【名人的悄悄話】

把「美德」教給你們的孩子；使人幸福的是美德而非金錢。這是我的經驗之談。

～貝多芬

寂寞，
是最大的**貧窮**

台灣曾有一位傑出的企業家，身懷數億家產；有一
陣子，媒體與社會對他大加韃閥，而任誰也沒有
料到，他竟因此就選擇了以投海自殺的方式來結束自己
的生命。事後有人說他其實一直都不快樂，無論是否為
真，他的確是選擇了一種最哀怨的方式離開世界。

有一次我去高雄演講，被一位聽眾問到某位已逝的
港星。她不斷問我：「為什麼他明明有錢又有名，但最
後卻選擇跳樓自殺？」其實，又何只是這位明星呢？類
似的情節似乎一而再、再而三地在我們的社會上演。

記得幾年前，我在做一份關於自殺率的研究，因而
偶然地查詢了許多國家的自殺率，發現一個有趣的現

象：那些長期以來貧困、落後的國家，自殺率很低；而一些已開發國家，自殺率卻相對較高。在台灣，某些資源、教育缺乏的少數族群的自殺新聞也不高，卻反而比較常發生在一些白領上班族身上。

我們的社會其實很有愛心，每當有新聞報導哪裡有窮人、哪裡有人的經濟有困難，就馬上會有愛心湧入。然而，我們卻常忽視了，「寂寞」才是「最大的貧窮」！《聖經》上對某些人有一句極為傳神的描繪：「你說：我是富足，已經發了財，一樣都不缺；卻不知道你是那困苦、可憐、貧窮……的。」（啟三17）可不是嗎？許多人也許真的很有名、很有錢，但心靈卻極為空虛。

曾有一場關於「憂鬱」的記者會，公佈了一項資料——「憂鬱的人最討厭聽到大家對他說什麼？」您覺得答案是什麼？答案竟是「你想太多了！」憂鬱的人最討厭人家沒有同理心地覺得他們想太多，最「怕」人家不願意了解他們。

我們的社會其實很有愛心，總不會忘了去賙濟有形的窮人，但我們卻常忘了要去幫助「無形的窮人」。他可能是您辦公室、學校裡那個最令人討厭的人，討厭得沒有人想跟他說話；他可能是一個外表光鮮亮麗的人，成功地追逐到了許多成就，但卻始終沒有人向他分享信

仰的美好與生命的意義。

　　寂寞，是最大的貧窮，也是最容易被人忽略的貧窮！在工商化的社會中，「貧窮」二字的定義絕不能只是膚淺地看收入數字。多多去幫助、陪伴那個您辦公室、學校裡最寂寞、最沒有人緣的人吧！也許這麼做真的很困難，因為這樣的人往往也是最不可愛、性格上最難相處的人；但這麼做的「行善指數」卻是極高的，對社會的無形幫助也是極大的。

　　寂寞，是最大的貧窮！想一想：我們是否常對身邊這樣的「窮人」視而不見？甚至還假以辭色呢？願我們都能有更敏銳、更憐憫人的心腸。

【名人的悄悄話】

　　人生最大的幸福，莫過於知道自己被人愛著。

～雨果

宅，而不窄

近年來，台灣多了個形容詞——「宅」。意思是形容有些人除了工作、上學之外，其他時間就是待在家裡，這種人被稱之為「宅男」、「宅女」。

此時，有人要抗議了！現在的工商社會，上班族下了班已很晚，當然得趕緊回家，哪能不「宅」呢？其實說真的，「宅」沒有關係，君信否？許多歷史上有成就的人，若以現在的角度來看，可能都是宅男、宅女。宅，無所謂，只要不「窄」就好；一個人如果觀點狹窄，心胸狹窄，那才真是慘！

如何宅而不窄呢？如何讓自己活得更寬廣？有一個祕訣，就是「建立廣泛閱讀的習慣」。已逝的名佈道家司布真即曾勉勵後輩，一個傳道人要懂得「一手拿聖經、一手拿報紙」，意即要懂得藉由閱讀，來瞭解時下

人們的想法與所關心的議題，才知道該從何角度來切入福音。當然，這也許不是什麼金科玉律，但由於我曾因著這點而深深受惠，是以我非常願意與人分享這個令我受惠的生活習慣。

為什麼我說「建立廣泛閱讀的習慣」是很重要的？我願意就以下四點來分享：

● 閱讀，可以為一個人帶來「專業以外的智識」！

一個人除了「專業知識」之外，其「專業以外的智識」與素養也是很重要的！我喜歡這樣比方：前者是人生的「基本分」，後者則是人生的「加分題」，值得您我利用課餘、業餘時間好好充實之。

● 閱讀，可以拓寬一個人的「胸襟」！

一個人如果有廣泛的閱讀習慣，視野必然開闊，不會動不動就怨天尤人或自命哀怨。如果偉人的傳記讀多了，胸襟與格局自然也就大了；一個人處世的層次若提升，對於一些無謂的批評與評論也就較有氣度一笑置之。

● 閱讀，可以拓寬一個人的「創意思維」！

如果我說二十一世紀是一個極需「創意」的時代，我想大概沒有人會反對。多讀好書可以激發一個人的創意，訓練一個人思維的廣度。這對極需創意思考的現代

工作而言，是相當重要的。我觀察到一個現象：在我所教過的大學畢業生中，平日擁有廣泛閱讀習慣的人，的確都比較有創意，進而出路也比較好。

● 閱讀，可以訓練一個人的「撰寫能力」！

一個人文筆若好，則其在社會上將多了一項「無形的優勢」！我建議大家「建立廣泛閱讀的習慣」的最後一個原因，是因為多讀好書可以提升一個人的撰寫能力。一般而言，平日擁有良好閱讀習慣的人，不但文筆較佳，且寫出來的東西也會較有「架構」，條理也會較清晰。這無論是對撰寫企劃案、文章，乃至於學術論文，都可有極正面的幫助。提升寫作力，可說是「閱讀」對一個人所可能產生的相當好的附加價值。

閱讀，是致勝的關鍵！現在許多人不是上班就是它在家，但閱讀卻可以讓一個人「宅而不窄」。許多人專業智識不差，但卻因著平時閱讀的廣度不夠，導致其思維過「窄」，最後輸在專業以外的智識。相反的，如果能夠建立起廣泛的閱讀習慣，將能拓展您的格局與視野，薰陶您的談吐與學養，激發出您的創意。

閱讀，可以拓寬您我的境界！讓自己成為一個更寬廣的人。在二十一世紀，務必為自己建立起良好的閱讀習慣，不要成為「窄男」、「窄女」而不自知。

愛心是「平衡點」，家庭、職場兩得意

【名人的悄悄話】

讀傑出的書籍，有如和過去最傑出的人物促膝長談。

～迪卡爾

信仰
是最好的**金湯匙**

話語，帶著權柄的力量

我深深相信：話語，是帶著權柄的力量的！

有一個婦人常覺得自己的丈夫、孩子的表現達不到她的期望，便常以「完了！完了！」的口頭禪去形容、怨嘆他的丈夫與孩子的表現。幾十年下來，他的丈夫依舊是個無心上進的男子，數十年如一日，毫無長進；而無論她怎麼罵，他的孩子也一直是個渾渾噩噩、沒有人生目標的青年。她心裡其實是希望自己的丈夫、孩子能更好，但一切卻應驗了她所常碎碎唸的「完了」，唸出了一對與她的期望背道而馳的父子。

也曾經有個少年，過去許多長輩都不看好他未來的表現；所不同的是，他的父母一直鼓勵他、支持他，

愛心是「平衡點」，家庭、職場兩得意

後來，他的表現遠遠超過其他同儕，甚至超過許多的前輩。

以上兩個都是真實、活生生的例子！我相信這類例子相當常見。

是以我常形容：話語，是帶有權柄的力量的！話語與表現這兩者之間，也許不是必然的因果定律，但絕對有著關鍵性的影響。

從心理學的角度來看，有所謂的「自驗預言」與「畢馬龍效應」（Pygmalion effect），意即人若越是用負面的言語、態度去形容自己或某人的未來，那麼自己或那個人將來就越有可能會朝那些言語所講的負面方向去發展；反之亦然。這是已被實驗證實的理論。

而若以信仰的角度來看，《聖經》上亦曾描繪信徒的言語可以帶著力量：「我實在告訴你們，無論何人對這座山說：『你挪開此地，投在海裡！』他若心裡不疑惑，只信他所說的必成，就必給他成了。」（可十一23）足見信心的話語之正面影響力；相反的，當一個人成天講「完了」時，所代表的將是「這狀況連上帝也改變不了」的無奈，也許一開始只是無心的口頭禪，或只是情緒上的發洩；但久而久之，我們嘴巴裡所講的，就會影響我們心裡所想的。而當我們對上帝的信心越弱、

信仰
是最好的**金湯匙**

越消極時，就越難經歷恩典與豐富。

　　今天的口頭禪，會影響明天的思想、價值觀；今天講一些造就人的好話，明天可能改變一個人的一生。

　　話語，可以是帶著權柄的！是帶著力量的！是有「宣告」作用的！不要讓一些負面的說話習慣，妨礙了自己與您所愛的家人。善用您口中的話語，您將經歷到意想不到的驚喜與感動。

 【名人的悄悄話】

說話浮躁的，如刀刺人；智慧人的舌頭卻為醫人的良藥。

～所羅門王

自大多一點

曾經讀過一則故事。某位名知人士去搭飛機,買經濟艙座位的他,看到最前面的頭等艙還有座位,心想,以自己的名氣,空服員應會主動讓他換到頭等艙。於是,他抬起頭並站起來,主動問一位年輕的空服員:「請問可以讓我換到前面的位置嗎?」那位空服員表示有困難。那位名人面露不耐與傲慢,小聲地對她說:「妳知道我是誰嗎?」空服員回答:「不知道。」那人顯然不太高興,略為提高音量:「妳真的不知道我是誰?」空服員愣了一下,大概瞭解他的意思了,但仍回答:「不知道。」

那位名人有點惱火了,拉高分貝再問空服員:「妳真的不知道我是誰嗎?!」一旁的乘客們看在眼裡,早就對那位名人的倨傲作風有些不滿了。這時,空服員竟

回過頭對著眾乘客說：「各位，我們這位乘客似乎忘了自己是誰，一直在問我知不知道他是誰？有誰認識他，可以幫助他一下嗎？」頓時引來其他乘客們哄堂大笑！那位名人也只得滿臉通紅地坐回自己的座位。

我一直很感恩，因著我的父親是位牧師，所以從小就有機會接觸、認識到一些在各行各業的基督徒名人。但我指的是「值得尊敬的名人」，他們是在社會上一講起其名字，大家都會表示聽過、敬重的長輩。

觀察那些值得尊敬的名人，我發現他們也許職業、風格皆有不同，但往往有一個共同的特點，就是無論他們多有成就，卻永遠保持著一顆謙卑的心。我認為，這也是他們能獲得敬重的主因。人想要有一丁點兒的成就，都很不容易了；而有了成就以後，又要能保持謙卑與低調，那更不容易！

他們所展現出的魅力，讓我想起了《聖經》中對某些賢者的一段描述，形容他們是「在各處顯揚那『香氣』」！哇！我們可以想像，這種人有多麼討喜、多麼吸引人想親近他們，多麼讓人不由自主地想去實踐他們所暢談的理念與異象。

而什麼是人際之間的「香氣」呢？《聖經》其實沒有明說，筆者才疏學淺，也沒有能力全盤描繪之；但我

愛心是「平衡點」，家庭、職場兩得意

願意反過來解讀，我願意帶大家來看看「香」這個字的反義字——臭。「臭」這個字很有意思，不知您有沒有發現？若把它拆解開來，剛好就是「自大、再多一點」；彷彿告誡著我們，即便您有許多值得誇口的成就、恩賜或家世背景，但如果你表現得過於驕傲、自大，就會讓人覺得很「臭」，會讓人對你的倨傲作風嗤之以鼻；相反的，耶穌曾說：「我心裡柔和謙卑，你們……當學我的樣式。」當人們不自大、懂得謙卑的時候，自然就會吸引人去親近，自然就會有人際之間的「香氣」了。

　　親愛的朋友，臭，就是比「自大」的境界還要「再多出一點」，也就是過於自大的意思。當一個人過於自大時，在人際相處上就會有臭氣了。我們是否能在各處顯揚那「香氣」呢？從小，我就喜歡靜靜地去觀察一些「值得尊敬的名人」，我發現他們除了在某些領域頗有成就之外，往往也保有了一顆謙卑的心。願社會上多一點這樣的人，願您我也能在社會上散發出這樣的「香氣」。

【名人的悄悄話】

　　凡自高的，必降為卑；自卑的，必升為高。

　　　　　　　　　　～《聖經》馬太福音

好人，把小事做好的人

　　有個故事說到一位作清潔的清潔老婦，死了以後到天堂，她一看到耶穌，立刻掩面跪倒，慚愧地說：「主啊！我對不起您！我在世的時候，沒有為您開過一場佈道會，沒有為您做出一番大事來，我實在對不起您！我沒臉見您。」

　　豈料，耶穌卻扶起她來，親切地說：「別這麼講，我覺得妳活得非常傑出！」老婦簡直不敢相信自己的耳朵。耶穌笑著說：「我注意到妳每次拖地都拖得很乾淨，即便是沒有人看到的小角落，妳也努力地清掃；就算是下了班，看到大樓裡的垃圾還是主動撿起。妳是一個忠心的人，在我眼中，妳活得非常傑出！」老婦聽

了，感動得淚流滿面。

　　另外有一個故事，講到一個年輕的鞋匠，初到一個城鎮裡去謀生。他注意到有一些老鞋匠所開的店，生意特別好，便去請教某位老鞋匠製鞋的竅門。老鞋匠教他：「用來做皮鞋的皮革，一定要在水裡多泡上幾天。」他覺得很納悶，便追問原因，老鞋匠說：「你真是老實啊！泡了水的皮革，看起來沒差，但穿久了比較容易裂，顧客回來找你修鞋或買新鞋的次數才會多呀！」

　　年輕的鞋匠很不以為然，他選擇在那小鎮裡實實在在的製鞋。一開始，生意的確比不上那些老師傅，但久而久之，大家漸漸發現他製的鞋子很耐穿，因此口碑漸漸傳開。幾年後，他成了那小鎮裡最搶手的好鞋匠。

　　這幾年，宗教家喜歡強調「好人才能上天堂」，政壇上亦強調要「讓好人出頭」。但是什麼是「好人」？大家的定義卻又不一致了。

　　我喜歡與旁人分享一個「好人」的定義：好人，就是願把小事做好的人！

　　可不是嗎？好人，就是「把小事做好的人」。這個定義可不是只有我這樣論述，面對小事的態度，可以是一個人之人格的投射。中國歷史上，蜀漢昭烈帝劉備即曾撰文告誡其子「勿以善『小』而不為，勿以惡『小』

而為之」；無獨有偶，《聖經》也說：「人在最『小』的事上忠心，在大事上也忠心；在最『小』的事上不義，在大事上也不義。」（路十六10）「這些事你們既做在我這弟兄中一個最『小』的身上，就是做在我（耶穌）身上了。」（太廿五40）就連台灣某大企業家也強調：「成功的關鍵就在『細節』裡！」足見把小事做好的價值。

而什麼又是「小事」？在造物主眼中，小事其實就是「暗處裡的事」，就是「不起眼的事」！除了極少數的特例以外，在光天化日之下，每一個人都是君子！在明處要表現出殷勤、慈善並不難，因為大家都在看；但在暗處裡仍能這樣，就相當不容易了。是以我們可以這樣換句話說：不要因為善事沒有人看到就不為，不要因為惡事沒有人看到就為之；人在暗處裡有忠心，在明處一定也忠心；這些事你們若做在一個最不起眼的弟兄身上，就是做在耶穌身上了。

好人，就是願把小事做好的人！當一個「好人」，把小事做好，不但在世容易出頭、成功，更寶貴的是，等到了生命曲終人散的那一天，上帝還會摸摸你的頭，親切地說：「你在世的日子，做得真是好！」

【名人的悄悄話】

行上帝旨意所喜悦的事，本身無論如何微小，都是大事。

～葛盧

信仰
是最好的**金湯匙**

PART 5

智慧是「鍍金」，
讓您的人生不再一樣

智慧，

可以為平凡的人生「鍍金」，

讓您的人生不再一樣。

西方名諺說：「敬畏造物主，是智慧的開

端。」

本章與您分享「她們人生的安可曲」、

「基督徒的風水學」、

「雅比斯讀書法」、

「萬聖節？ONE聖節！」等

十餘個人生黃金準則。

信仰，是**化學變化**

我認識一位販毒的香港朋友。喔！我是說，他以前是個販毒的人。

我認識他，已是他改過向善後了。在我不知道他的「過去」之前，只覺得跟他相處起來非常愉快，覺得他待人非常謙卑、有禮，是以當我知道他過去的「豐功偉業」之後，我第一時間還真無法相信。

幾年相處下來，他的謙卑、有禮依舊，可以證明這不是他一時裝出來的。

現在的他，開了一家基督教書房，因著信仰的介入，他從一個「賣毒品」的人，變成了一個「賣福音書」的人。

從賣毒品到賣福音書，這當中的轉折真是大得讓人不得不讚嘆：信仰，在他的身上真是發揮了巨大的質

變！他徹頭徹尾地變了一個人。

如果套句國中理化的用詞，我們可以說：信仰在他生命中所產生的是「化學變化」，而不只是「物理變化」；信仰讓他一個毒販的生命之本質全然改變了——改變了他的行為、價值觀，是一種生命本質上的改變，而不只是外在、外觀的改變。

我這位從賣毒品到賣福音書的香港朋友，如果您現在看到他，一定很難把他跟他過去的「事蹟」聯想在一起。有時我出去演講時，會碰到他在會場外面擺福音書的攤位；每次再看到他，都會讓我想到《聖經》中的一句話：「若有人在基督裡，他就是新造的人；舊事已過，都變成新的了。」

當然，沒有一個基督徒會是聖人，然而他的生命卻是確確實實地起了「化學變化」。真正的信仰，不應只是改變人外在的形式、模樣；真正的信仰，會改變一個人生命的本質，使人變得更好，好到讓人無法想像他的過去。

信仰，是一種「化學變化」！我衷心期盼，我現在這位「賣福音書」的香港朋友，所賣的書能造就多人、造福社會。

【名人的悄悄話】

當您把心與您的一生交給基督時，當您接受基督為救主時，祂改變您的心。祂改變您的一生。而這就是發生在我身上的事。

～喬治‧W‧布希　美國第四十三任總統

基督徒的風水學

我在大學教書，學校給我們系上每個老師一間約六坪左右的獨立研究室，以及簡單的電腦、辦公桌椅、會客桌椅；至於要怎麼擺設，每個老師可以自由決定。

有一回，我請了一位前輩來課堂上演講，她是一個很善良的好人，在講完課後，熱心地到我研究室對我說：「施老師，您研究室這麼『擺』可能會出大問題啊！」我一開始沒聽明白，之後，那位前輩又熱心地對我說：「施老師，您研究室裡的桌椅這樣擺，在風水上是大忌！會擋了您加官晉爵的路。事不宜遲，得趕快挪動一下呀！」

她絕對是出於一片好意，但因我是基督徒，於是對她說：「很謝謝您的關心，不過我是基督徒，我屬基

智慧是「鍍金」，讓您的人生不再一樣

督。我覺得這樣的擺設對我在空間運用上最方便。」另一位同仁在一旁聽到了，事後緊張地對我說：「施老師，寧可信其有！否則讓風水擋了未來的路，多划不來啊！把辦公桌椅換著方位來擺吧！」那時，我感覺到心裡有個細微的聲音對我說：「以諾，不要刻意去反駁，但也千萬不要移動你辦公室裡的任何擺設，我要用你在職場上見證我的名。」

兩年過去了，我每天禱告，我知道也有許多人每天為我的事奉、事業禱告。這兩年，我研究室裡的陳設還是那樣擺，我故意動也不動；然而，我在國內、外所發表的論文產量卻大增，並在大學裡拿了「教學績優獎」，寫的書也有不錯的成效。後來，以論文著作所提出的大學教師「升等」案，在三級五審之後，也順利地「升等」通過。

我辦公室的擺設依舊，依舊是人們口中那種會擋了加官晉爵之路的擺設；但很顯然地，我的上帝遠遠大過一切，祂還是照著祂所應許我的境界，一步步循序漸進地賜福給我。我相信正如《聖經》上所形容的「保護我的是耶和華」，我這兩年的際遇，在同輩年輕人中算是相當亨通的。我那被人認為「風水不好」的研究室裡，總有歡笑聲與道賀聲！

華人在傳統上都很在意所謂的「風水學」，都很在意桌、椅、物品該怎麼「擺」。基督徒也該吃這一套嗎？也該在意東西怎麼擺嗎？該！只不過我們該注重如何去「擺」的不是那些外在的物品。我們不必在意生活中有形的物品怎麼擺，但我們該檢討自己把上帝給「擺」在第幾位？該在意有沒有把上帝的話語給「擺」在心裡。

從民間信仰的角度來看，我辦公室的風水擺設也許真的很糟，但上帝並沒有因此阻擋我的發展，祂依然賜福給我。我沒有照民間信仰的風水觀去改變我的擺設，因為我知道上帝的靈遠遠大過一切的靈，祂才是所有福氣、平安的源頭！我願用我自己的例子來見證這一點。

您把上帝給「擺」在第幾位？您有沒有把上帝的話語給「擺」在心裡。您「擺」對了嗎？這才是您我蒙福、平安的關鍵。

 【名人的悄悄話】

我每天祈禱，我在任何地方都可以祈禱。我是說，我在床上祈禱，我在橢圓形辦公室祈禱。

～喬治・W・布希　美國第四十三任總統

智慧是「鍍金」，讓您的人生不再一樣

萬聖節？
One 聖節！

我是基督徒，在一所教會大學的醫學院教書，說來真有福氣！因為是教會學校的關係，所以不但每年的聖誕節都放假一天，就連耶穌受難節的下午也放假半天。全台灣大概沒有哪一家醫學院的師生能夠在這兩個基督教節日放假的。

然而，幾乎每一年，都會有學生來問我：「老師，既然聖誕節跟受難節都放假了，為什麼『萬聖節』不也乾脆放假一天呢？」

說來還真是值得玩味，原來這幾年，「萬聖節」被商業炒作得像「聖誕節」一樣；再加上亦是源自西方文化，無怪乎已有許多人都以為萬聖節也是基督教的節日。

其實「萬聖節」就是「西洋鬼節」，而基督徒之所以不去慶祝「萬聖節」，是因為《聖經》上說：「**耶和華我們神是獨一的主。**」（申六4）是以基督徒不過「萬聖節」，我們只敬拜獨一的真神。反過來說，對一個基督徒而言：每一天，也都可以是「One 聖節」，因為每一天都是屬於獨一真神的日子，祂是我們的 Only One。

我父親是一位牧師，記得小時候曾聽他分享他少年時的經驗。他從小信主，少年時期的他一直住在鹿港，那時他同儕間流行玩「碟仙」的靈異遊戲，說也奇怪，每次只要他這個基督徒一偶然接近，「碟仙」就動也動不了！幾次下來，那些人只要在玩「碟仙」時看到他走近，帶頭玩的人便會激動地朝他大喊：「基督徒走開！你來了，我們的碟仙就會動不了！」

「碟仙」是騙人的嗎？我不這麼認為，而且我深深相信它裡面絕對有很大的「靈」在運作。且可能還不止一個。只不過，牠們的力量遠遠小於上帝的力量！

曾有許多人問我：信耶穌有什麼好？當然有！信耶穌好極了！至少有以下四點好處：

1. 祂可以「安慰」受傷的心：

我是精神科的治療師，但我真的沒有看過比基督信仰更寶貴的「療法」，能夠安慰人的心。

2. 祂可以給人「平安」：

許多人家財萬貫，但卻還是沒有「安全感」，只好盲目地尋求功名庇護，或到處求神問卜，但心裡卻沒有真正的平安。信耶穌的人不一定會功成名就，但一定會有平安。

3. 祂可以給人「方向」：

您會覺得不知為何而活嗎？祂造每一個人都是有旨意的！當我們能夠實踐自己的命定時，將會享受到無與倫比的快樂。

4. 祂可以給人「永生」：

您有沒有想過有一天當您雙眼闔上，再也打不開時，面對眼前的一片黑暗，已離世的您要到哪兒去？上帝為人類預備了永生，是以您跟您心愛的家人能夠不因為死亡而永別，而是可以在永生裡再團聚！這是何等棒的福分啊！

基督徒不慶祝「萬聖節」，是因為我們只敬拜獨一的真神；對基督徒而言，每一天，都可以是「One 聖節」，因為我們的上帝是 Only One! 每一天，都是屬於那獨一真神的日子。

親愛的朋友，我要誠心祝福您：One 聖節快樂！主恩滿溢！

【名人的悄悄話】

如果我們每一個人都有對聖經堅定不移的信心，那麼我們許多問題都能解決。

〜艾森豪　美國第卅四任總統

智慧是「鍍金」，讓您的人生不再一樣

主前、主後

首先，先容我跟大家講三個故事。

歷史上有位叫約翰・牛頓的人，他本來是個人口販子，人品奇差。後來，無意間接觸到信仰，良心的譴責讓他對自己的罪行數度淚流滿面，不但不再從事販賣人口的事業，還成了傳道人，並寫了一首廣為流傳的詩歌〈奇異恩典〉，歌詞寫出了信仰改變他的心路歷程：「前我失喪，今被尋回，瞎眼今得看見。」意外成了一首流芳百世的詩歌。他，本來是個人口販子，本來應該是個在世不受尊敬，死後沒人記念的人；但因著信仰，他的生命有了嶄新的轉變。

第二個故事發生在台灣。台灣曾有個死刑犯，一個縱火燒死數人的殺人犯，他所犯的罪行只要再一講起，就會令人義憤填膺。然而，其中一個受害者家屬選擇原

諒了他；不但原諒他；還積極地向他傳福音，希望上帝的愛能感化他。他從來沒有想到還會有人願意花時間在他的身上，而且還是一個被他給殺了至親的人！當他看到那位家屬，看到她竟願意寬恕他、幫助他時，本來殺氣十足的他，感動到癱軟，「噗咚」一聲地跪在地上磕頭懺悔。

雖然他的死刑已免不了，但信仰已轍底改變了他。他不但簽了器官捐贈同意書，在「等死」的過程中，還每天在獄中積極地運動。為什麼呢？他說：「我要讓我的身體器官保持在最好狀態，讓接受我器官捐贈的人，可以拿到更健康的器官。」法律並沒有因為他後來的轉變而免去他的死刑，他還是伏法了；但他信主後在獄中的轉變與見證，卻讓許多社會人士為之動容。

第三個故事是關於我一位好朋友 C。我有段時間沒有看到她了，後來再見面時，總覺得她有點兒不太一樣。過去有些憂鬱、偏激的她，後來變得喜樂、正向了許多，我還沒開口問她原因呢！她主動告訴我她接受了基督信仰，我聽了實在開心！的確，現在的她，真的有很大的轉變。當然，信仰並沒有讓她變成一個聖人，但確實讓她的思想變得更正面、坦然，以至於她看待周遭事物的心也連帶改變。

相信許多人都知道，西曆的「西元前」、「西元後」，是用耶穌降生的那一年來作分界點的，是用耶穌降生的那一年，在歷史時間的橫軸上作一區隔！是以也有人將西元年分翻譯為「主前」、「主後」。

　　耶穌不只是降生在歷史上，祂也降生在許多人的心裡，祂在許多人生命的時間橫軸上形成了分界，使得許多人的生命也開始有了「主前」、「主後」的區隔。

　　的確，耶穌的降生，不止是在人類歷史上創造出了「主前」、「主後」的分界，也在許多人生命的時間橫軸上形成了「主前」、「主後」的區隔。或許就像《聖經》中所記載的：「若有人在基督裡，他就是新造的人，舊事已過，都變成新的了。」（林後五 17）

　　親愛的朋友，耶穌早已經降生在歷史時間的橫軸上了，但祂降生在您生命的時間橫軸上了嗎？祂的降生，是要使人更好！願您我都能經歷「主後」的豐盛與美滿。

信仰
是最好的**金湯匙**

【名人的悄悄話】

為孩子建築教堂，勝過為成人建造監獄或斷頭台。

～柯克

智慧是「鍍金」，讓您的人生不再一樣

前面的路要
怎麼走？

人生，總會有路可以走。

有天，「宇宙光出版社」聯繫我，要我為一位盲人的傳記寫一篇推薦序。我看了這本傳記的底稿，我好感動，好感動！在介紹這個人的生命以前，我想先邀請大家發揮一下想像力，跟我一起「想像」一下以下的情節：

您是一個滿懷理想的青年，在一個陽光普照的下午，您跟一群朋友一起出去打球，陽光是這麼樣的美麗，景緻是這麼樣的美好，一切的一切都是這麼樣地愜意，但不小心「碰！」地一

信仰
是最好的**金湯匙**

聲，朋友的手肘非有意地撞到了您的雙眼！本來也不是什麼致命的傷害，但在就醫的過程中，卻因為醫師的醫療過失，您的雙目，徹底失明！打球、陽光、風景，再也不會出現在您的眼前……。

上述情節「想像」到此，我相信有許多讀者們，已不敢再繼續往下想下去了。這人生的路要怎麼走啊？真有這麼看似不幸的人嗎？有！那就是柯明期先生。

許多人會覺得，這是一個令人不敢「想像」的人生劇本，這樣的人生實在是完蛋了！然而，柯明期的人生卻沒有就此完蛋。後來，他當過盲人重建院的副院長，甚至去唸了台灣師範大學的特殊教育碩士學位，還成為了許多人生命中的天使！又是「副院長」，又是「師大碩士」，又是一位人們眼中的天使，這樣的成就，莫說盲人，就是明眼人也很難做到！然而，這些祝福全都加在柯明期先生的身上。

「這人生的路要怎麼走啊？」我想，這會是許多人對盲人之人生的共同嘆息與疑問。

盲人，總需要有人伴他同行；不管是人也好，導盲犬也好，有了他們，行路才較安全，行路才能夠有方

智慧是「鍍金」，讓您的人生不再一樣

向。所不同的是，柯明期先生是一位很好的基督徒，他有很好的信仰，這使得他在人生的路上，不止有賢妻、好友、導盲犬與他相伴，更有信仰伴他同行！給他勇氣，並引領他走未來的道路。這樣一個人，無怪乎能達到許多明眼人們所達不到的成就，能找到自己人生的價值與方向。

當然，世界上沒有一個人是聖人，在柯明期先生失明後的生涯裡，他也會有陷入憂鬱、難過、沮喪的時候，但他的信仰總是幫助他渡過難關。我想，這正是信仰的可貴，上帝幫助所有有需要的人，能有恩典與力量去面對眼前的困難。

讀著柯先生的傳記，我竟也想起了自己生活中一些曾令我心生怨言的瑣事。想一想，如果柯先生這麼大的困境與挑戰都走過來了，那麼，我生活中的那一丁點兒小事，又有什麼好憂愁的呢？在柯明期這位「勇者」的面前，我有資格埋怨嗎？想到這裡，不禁讓我再次打起精神來。

柯先生雖是個盲人，但因著信仰，他安然無事地度過了大半生。他是個「沒視」的人，因為他是個盲人，但卻也是個「沒事」的人，因為他心中有平安，有上帝的同在，再大的事也能過去。

親愛的朋友，您常覺得人生沒有目標嗎？常覺得不知該往哪兒去嗎？相信伴柯先生同行的上帝，也會大大賜福諸位，就像祂如何賜福、引領柯先生人生的道路一樣。

【名人的悄悄話】

真正的探索之旅並不包括尋找新的山水，而是要有新的眼光。

～馬塞爾‧普魯斯特

三分鐘聖徒

某位牧師剛聽完國外某知名講員的特會，手上還拿著節目單，就到附近一家藝品店裡去購物。

一位店員看著他手上的傳單，便問：「你也是基督徒喔？」牧師說：「是呀。」

那位店員指著他手上的節目單說：「我很喜歡那位講員的講道，他每次來台灣，我都會去聽他的特會，很棒！我參加過昨天的那一場了。」

那天，兩人相談甚歡，牧師當下也買了某個他很喜歡的藝品回家。

後來，牧師竟發現他所買的藝品，在別家店裡也有賣，但價格只有他買的三分之一！之後有別人輾轉告訴牧師：「哎呀，那家店雖是基督徒開的，但都故意賣得比較貴啦！除非是內行人登門，否則很多人都已吃過虧

了。」很顯然地，吃虧的也包括了那位牧師。

牧師很納悶、心痛，一個才參加完特會不久的生意人，怎麼會好意思這樣敲他竹槓呢？

其實，不要覺得故事中的那生意人是在講別人，那故事中的生意人，可能就是你！可能就是我！

近年來，台灣有許多的「特會」，甚至可說是流行舉辦特會。但我們捫心自問：回到職場上後，大家的生命真的改變了嗎？

我們會不會在「特會」中跟著台上吶喊、流淚、宣告，但回到職場上後，依然睜隻眼、閉隻眼地作假帳，依然參與辦公室中的派系鬥爭，依然嫉妒、論斷、記恨？

我相信在特會中的吶喊、流淚……絕對都是出自於真誠，絕對都是發自於內心，但會不會只有「三分鐘熱度」？我們會否只是在「會場」上當了個「三分鐘聖徒」，週一回到「職場」上後又是依然故我？

特會的成功與否，不在於我們參加了幾場，不在於講員的知名度，不在於當天的場子大小。特會的成功與否，端看那份感動能持續多久？能否帶進職場、帶進生活？

無法生活化的信仰不是信仰！如果我們只是像故事

智慧是「鍍金」，讓您的人生不再一樣

中的那位店員一樣，參加了特會，在會中當了次「三分鐘聖徒」，但回到職場上後，陋習卻依舊故態復萌，那麼一切都將是枉然，也辜負了主辦單位的辛勞。

【名人的悄悄話】

信仰不是一種學問。信仰是一種行為，它只有在被實踐的時候才有意義。

～羅曼‧羅蘭

信仰
是最好的**金湯匙**

雅比斯讀書法

曾經聽聞一個案例，講到美國有一位名校的大學畢業生；從小，他的父母就要求他的成績要比別人優秀，在父母的催督之下，他也確實總是保持名列前矛，如父母期待地一路讀到了名校。而就在畢業典禮的那天，他跳樓自殺了！留下了一封令人心如刀割的遺書給父母：「我已經如您們所願的拿到您們期望我拿到的學位了，這樣您們滿意了嗎？您們滿意了嗎？我要走了。」試想，他父母面對這樣的情況，看到這樣的遺書，心會有多痛？！如果能重來，也許他父母會調整對他的態度。

第二個案例發生在台灣，曾有兩位名校高中生，因著受不了課業壓力而選擇燒炭自殺。隔日，成了社會新聞的頭條。

智慧是「鍍金」，讓您的人生不再一樣

上述兩個例子，都是肇因於「名次」思維。父母太在意孩子的學校排名，好學生太在意自己的成績排名，而釀成了悲劇。

　　名次，是一個多麼讓人嚮往的東西！的確，而且它絕對不是個壞東西！是以許多基督徒父母、基督徒學生，會為孩子或是自己的「名次」禱告。我相信許多人曾用《雅比斯的禱告》這本書裡的禱詞來為子女或自己的功課禱告，裡面有句非常激勵人的話：「甚願祢賜福與我，擴張我的境界。」

　　問題來了！禱告，一定會讓基督徒學生的功課變好嗎？許多人會篤定地說：「會！」

　　然而，這就好比我問您：「禱告，一定能讓一個基督徒商人賺更多錢嗎？」答案是「不一定」。禱告不一定能讓一個基督徒商人賺更多錢，但禱告一定可以讓一個基督徒商人的品格變得更好，一定能讓一個基督徒商人看到比金錢更寶貴的東西。禱告，對基督徒學生的作用也類似如此。

　　若把《聖經》上所應許的「甚願祢賜福與我，擴張我的境界」應用在基督徒學生的功課上，禱告不一定是讓一個基督徒學生的功課名列前矛，但禱告絕對會讓一個基督徒學生拓寬屬靈的視野，讓一個基督徒學生看到

信仰
是最好的**金湯匙**

比名次更重要的東西，這才是雅比斯的禱告中「擴張我的境界」的真諦。

幾年前《商業周刊》曾有一篇分析報導，名為「第十名狀元」！他們分析許多社會上有成就的人並不一定是當年排名第一名的學生，反而是中上或中等的平凡學生。這樣的學生，成績雖不是最好，但不汲汲於名次，所以心胸比較開闊，看事情也比較不鑽牛角尖；這樣的學生，成績雖非頂尖，但卻更有時間花在學習課外的技能、智識，思想反而更加地靈活；這樣的學生，畢業後反而比許多當年在班上成績第一名的學生更有成就！

在畢業典禮那天跳樓的名校高材生，或是一些鑽牛角尖而自殺的好學生，皆是因其父母或自己跳脫不開「名次」的箝籠。這樣的人生真的有福嗎？真的未來的整體表現就會比較好嗎？其實未必！

求主「擴張我們的境界」！擴張我們心靈的視野，讓我們看到比名次更重要的東西，這才是該有的讀書態度，才是蒙福的讀書態度。

【名人的悄悄話】

道德常常能填補智慧的缺陷，而智慧卻望遠填補不了道德的缺陷。

　　　　　　　　　　　　　　　～但丁

她們人生的**安可**曲

前一陣子，我們教會裡有兩位我所熟識或見過幾次面的朋友因病過世。一位是看我長大的崔媽媽，一位是年紀尚小的王小妹妹。

這兩個女性，一老一小，相同的是，她們都十分可愛！共同的是，她們都不約而同地在生命曲終人散前，表現得令人印象深刻。

崔媽媽是個很有愛心的婦人，也一向是個堅強的女性，但我從來不知道她竟如此堅強！據說她在病中，還常身上插著管、袋，就騎著腳踏車去做她認為有意義的事！更偉大的是：見到人，還是一樣地親切、熱絡。若換成了別人，別說騎單車了，恐怕早幾個月前就已撒手人寰了。

王小妹妹，超級可愛！超級懂事！一個年幼的癌症

智慧是「鍍金」，讓您的人生不再一樣

病童，對家人極為體貼，還是位小小部落格高手，常把她的心情寫上網，而且常常是樂觀、平安的心情。我自問，如果換成是小時候的我，在病中大概沒辦法像她這樣懂事；一般小孩子根本不可能有這種成熟度與意志力，能多活過這麼長一段時間。

曾有人說：「人生，像一場音樂會。」我喜歡聽音樂會，一場成功的音樂會，總是讓人意猶未盡，是以親友團、粉絲們總會在結束後報以如雷的掌聲，並高喊「安可！安可！」希望能讓音樂會加長演出。很有趣，往往音樂會中那些多出來的「安可曲」，才是最精彩、最讓人心激盪的！

崔媽媽與王小妹妹，可能是因為她們實在太可愛了，以至當大家聽到她們病危的消息時，大家是那樣的不捨！大家不斷的禱告，希望上帝能延長她們的歲數。眾人不捨的禱告，像極了音樂會要結束時聽眾們發自內心所喊出的「安可！安可！」，而慈愛的天父也垂聽了大家的禱告，延長了一些她們的生命。

如果人生像一場音樂會，那麼天父多給崔媽媽與王小妹妹的那段時間，可以算是她們「人生的安可曲」了！雖然她們最終還是離開了，但她們人生最後一段時間所演出的「安可曲」，最後一段時間所展現出的驚人

生命力與見證，讓我動容！讓我深深佩服，自嘆不如。

《聖經》裡曾有詩人這樣形容：「我們一生的年日是七十歲，若是強壯可到八十歲……，轉眼成空，我們便如飛而去。」是啊！相對於永恆，人生都是短暫的，成功的人生不在於我們能活多久，而在於我們能活出怎樣的見證。

最後我忍不住要說：崔媽媽、王小妹妹，謝謝您們，您們人生的這場音樂會，是那樣的精彩！那樣地令人驚豔！謝謝您們。

【名人的悄悄話】

瞭解生命真諦的人，可以使短促的生命延長。

～西塞羅

智慧是「鍍金」，讓您的人生不再一樣

偉人們的「氪元素」

從小，我就很喜歡看「超人」系列的電影，覺得他很威風也很有能力，能上天下海，真是太厲害了！但在電影與漫畫中，超人卻有一個克服不了的罩門，那就是他害怕一種叫作「氪元素」的綠色發光礦石。只要敵人一在他面前拿出氪元素礦石，他就會全身癱軟，變得比凡人還遜，原本渾身的能力與威風馬上不復見。也因為編劇這樣的安排，讓該系列的電影、小說多了幾分戲劇張力。

其實，同樣的劇情在歷史上、在聖經中也常上演。有許多偉人們就像電影裡的超人一樣，受人景仰、滿有能力，能完成許多大事，但也都有他們各自無法招架的「氪元素」；一碰到它，他們就會比凡人還要軟弱，其品德、靈命就會瓦解。

舉例來說，聖經上的大衛的罩門在情色。即便聖潔如他，但當他無意間偷窺到一個美麗的婦人洗澡時，原本擁有超乎常人品德、靈命的他，就馬上軟弱了，不但不再表現得優於常人，反而還變得比凡人更差勁！甚至用計殺了對方的丈夫來橫刀奪愛，令人難以相信此事竟是素來敬天的大衛王所做的！

每一個人的罩門都不一樣，而當許多偉人、聖人碰到自己的罩門時，就會像超人碰到了氪元素那般，變得非常軟弱。

如果您要問該怎樣面對自己的罩門？許多人可能會告訴您一個「標準答案」，就是「靠著上帝來勝過，讓你再次面對該誘惑時，可以心如止水」。這是一個很對的答案，很有氣勢的答案，很值得努力的方向。然而，容我直說，在實際的信仰生活上，這有時卻也是一個不夠實際的建議。我們不妨自省：如果每一個人都能成功地靠著信仰，全然勝過自己的罩門、誘惑，那麼大家最後都可以成為全然的聖人了。但這顯然是一個過於理想化的狀態，因為就連許多聖經裡的大人物也做不到。

那我們該怎麼辦呢？我認為「靠著上帝來勝過、面對」的確是個好作法，但還有另一個很實際作法可以並行，那就是「逃」！試想：如果大衛在看到令他驚豔的

美女洗澡時，不是故作鎮定地繼續偷窺下去，如果他是選擇馬上轉頭不看，他可能就不會繼續陷下去，也就不會犯下之後一連串的錯誤。

就像電影中的超人一樣，即便是再有恩賜、才幹、作為的人，也一定有其難以面對的「氪元素」。親愛的朋友，靜下心來想一想，能讓您癱軟的「氪元素」是什麼？每一個人都不一樣，它也許是情色、權力、名利、物質……，除了靠上帝勝過它、面對它之外，我們也要懂得「逃」！讓自己遠離會讓自己癱軟的試探與誘惑，以免給惡者留了地步。

【名人的悄悄話】

留給子孫的最佳的遺產，是光明無瑕的模範品格。

～溫司洛普

鐵杵換包繡花針

過去我唸小學時，課本裡有則「鐵杵磨成繡花針」的故事，是一則幾乎每個人都能朗朗上口的故事。

故事敘述到有個少年看到一個老奶奶在磨一根鐵杵，便問她：「奶奶，您這是在幹什麼呢？」老奶奶說：「我在努力把這根鐵杵給磨成繡花針呀！」少年聽了，深深被老奶奶的毅力所感動。

故事到這邊，是「課本」裡的故事。說真的，我不太喜歡，所以我接著把它給增修如下：

少年深深被老奶奶的毅力所感動。忽然，他靈機一動，對老奶奶說：「奶奶，您這根鐵杵借我兩天吧！」於是，他拿著鐵杵下了山，進到鎮裡，賣給了鎮裡的鐵匠；換來的錢，又去鎮

智慧是「鍍金」，讓您的人生不再一樣

裡的小舖買了一小包繡花針，回到山上。那老
奶奶高興極了！這比她預期的速度不知快了多
少年，她只拿了幾支繡花針，其餘的又還給少
年！少年又把那些針拿去分送給山上有需要的
人家，形成一個皆大歡喜的結局。

故事被我如此一改，這「鐵杵磨成繡花針」該改成
「鐵杵換包繡花針」了。不過，我認為後者聰明、益
人、節省得多。

我相信，「鐵杵磨成繡花針」的故事已深深烙印在
每一個學子的心裡。特別是過去台灣一元化的教育方
式，這個故事所強調的「美德」，已留在如今許多青壯
世代的潛意識中。然而，在進入二十一世紀這個大環境
迅速變化的世代後，「鐵杵磨成繡花針」的故事，也間
接造成了台灣社會一個令人不捨與震撼的新興名詞──
「窮忙」！

可不是嗎？許多人的思想被教育得很單一化，就是
去做、做、做；懂得「work hard」（辛勤工作），卻不
懂得「work smart」（聰明工作）！《聖經》上有一句
話：「所以你們要馴良像鴿子，靈巧像蛇。」靈巧不等於
投機，靈巧可以讓自己幫助更多人；靈巧與善良絕不是

相斥，而是可以同時並存的。

　　「鐵杵磨成繡花針」的「精神」固然值得學習，但「作法」上則顯得視野不足！如果您還獨尊著「鐵杵磨成繡花針」的受教思維，不妨想想我改編的這則「鐵杵換包繡花針」，相信您將可以有更多時間，去做更多助人益己的事。

【名人的悄悄話】

　　若是你喜愛生命，就不可浪費時間。

～富蘭克林

智慧是「鍍金」，讓您的人生不再一樣

牧者，是一個形容詞

$$我$$是一個基督徒，我的專職是在大學教書，並兼任於醫院精神科執業。可能因為常寫書與演講的關係，我偶爾會被不知情的讀者誤以為是「牧師」，進而鬧出了許多趣事。

記得在我和內人逸珊舉行訂婚禮拜時，我們找了當地一位非常優秀的牧師來主持。我們事前也見過幾次面，但也因類似的誤會，他上台證道的第一句話就是：「逸珊真的不容易！在我們長老教會，一般女孩子嫁給傳道人，都是先當『傳道娘』，之後才變成『牧師娘』；但是今天逸珊就要直接變成一位『牧師娘』，她真的不容易……。」講著講著，下面的人趕忙澄清，他才恍然

大悟——「原來施以諾既不是牧師也不是傳道啦！」弄得全場哄堂大笑，也讓我們的訂婚禮留下了莞爾的回憶。

很多人都有一種制式的觀念：「若要更事奉上帝、更被主所用，唯一的路，就是去唸神學院，然後再到一間教會去當牧者，以此為業。」我絕不是要否定這樣的說法，畢竟那的確是很美、很偉大的一條路。然而，墨守上述的觀念卻容易落入一種窄化的思維。在我心中，我對「牧者」二字，有更寬廣的定義。

我所敬愛的父親也是一位牧師，但我卻不認為「牧者」二字就只能單單被界定成一種「職業」。我認為，它更可以是一個「形容詞」！「牧者」二字除了可以是一種頭銜、一份工作之外，它更應該是指一種心腸、一種生活態度、一種人格特質。

事實上，主耶穌就是最大的牧者。主說自己是好牧人，並要我們每個人都學習祂這位大牧者的生命樣式。

這讓我想到宗教改革家曾大力提倡「信徒皆祭司」的觀念。想一想，無論我們各自的職業是什麼，如果我們每個人都能用牧者的心腸去掃地，用牧者的心腸去治療病人，用牧者的心腸去教書，用牧者的心腸去創作，用牧者的心腸在法庭上為人辯護，用牧者的心腸去從

智慧是「鍍金」，讓您的人生不再一樣

商，用牧者的心腸從政⋯⋯，那麼這個社會一定會不同凡響！這也就是所謂「信徒皆祭司」的真諦。

　　牧者，是一個形容詞！在基督徒的眼裡，牧者這兩個字除了可以是一種高貴的「職業」之外，更應是泛指一種高貴的「心腸」，一種各行各業都值得學習去活出的生命樣式。如果我們都能用「牧者的心腸」去面對我們的親友、病人、學生、個案、客戶、同僚⋯⋯，我想我們就達到「信徒皆祭司」的最高境界了，您說是嗎？牧者，是形容詞！期盼您我在職場上的一言一行，都能有牧者的樣式。

【名人的悄悄話】

　　我是好牧人（約十14）你們當⋯⋯學我的樣式（太十一29）。

信仰
是最好的**金湯匙**

心靈勵志系列8

信仰，是最好的金湯匙
——55個越早知道越好的黃金準則

作　　者：施以諾
編　　輯：馮眞理
封面設計：黃聖文
版型設計：林朋

出版發行：主流出版有限公司 Lordway Publishing Co. Ltd.
出 版 部：臺北市松山區南京東路五段389巷5弄5號1樓
電　　話：(02) 2766-5440
傳　　眞：(02) 2761-3113
電子信箱：lord.way@msa.hinet.net
劃撥帳號：50027271
網　　址：www.lordway.com.tw

經　　銷：

紅螞蟻圖書有限公司
台北市內湖區舊宗路二段121巷19號
電話：(02) 2795-3656　傳眞：(02) 2795-4100

華宣出版有限公司
新北市中和區連城路236號3樓
電話：(02) 8228-1318　傳眞：(02) 2221-9445

2012年 2月　　初版1刷（1-3000本）
2022年12月　　初版20刷
書號：L1201
ISBN：978-986-86399-6-6（平裝）
Printed in Taiwan

國家圖書館出版品預行編目資料

信仰，是最好的金湯匙：55個越早知道越好的
黃金準則 / 施以諾著. -- 台北市：主流,
2012.02
　　面：　公分. -- (心靈勵志系列；8)

ISBN 978-986-86399-6-6（平裝）

1. 自我實現　2. 信仰　3. 成功法

177.2　　　　　　　　　　　　　101002607